浄土真宗本願寺派

寺報作成に使える素材集

西本願寺の本
本願寺出版社

P02-01

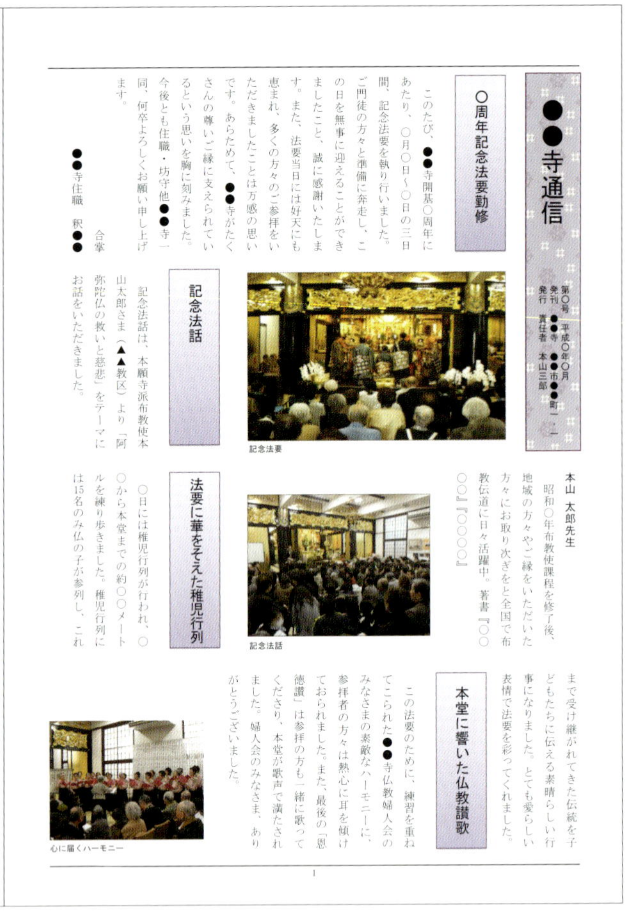

●●寺通信

第○号　平成○年○月
発刊　●●寺　●●市●●町一・一
発行責任者　本山三郎

○周年記念法要勤修

このたび、●●寺開基○周年にあたり、○月○日～○日の三日間、記念法要を執り行いました。ご門徒の方々と準備に奔走し、この日を無事に迎えることができましたこと、誠に感謝いたします。また、法要当日には好天にも恵まれ、多くの方々のご参拝をいただきましたことは万感の思いです。あらためて、●●寺がたくさんの尊いご縁に支えられているという思いを胸に刻みました。今後とも住職・坊守他●●寺一同、何卒よろしくお願い申し上げます。

合掌

●●寺住職　釈●●

記念法要

記念法話

記念法話は、本願寺派布教使本山太郎さま（▲▲教区）より「阿弥陀仏の救いと慈悲」をテーマにお話をいただきました。

本山　太郎先生

昭和○年布教使課程を修了後、地域の方々やご縁をいただいた方々にお取り次ぎをと全国で布教伝道に日々活躍中。著書『○○○○』『○○○○』

記念法話

法要に華をそえた稚児行列

○日には稚児行列が行われ、○○から本堂までの約○○メートルを練り歩きました。稚児行列には15名のみ仏の子が参列し、これまで受け継がれてきた伝統を子どもたちに伝える素晴らしい行事になりました。とても愛らしい表情で法要を彩ってくれました。

本堂に響いた仏教讃歌

この法要のために、練習を重ねてこられた●●寺仏教婦人会のみなさまの素敵なハーモニーに、参拝者の方々は熱心に耳を傾けておられました。また、最後の「恩徳讃」は参拝の方も一緒に歌ってくださり、本堂が歌声で満たされました。婦人会のみなさま、ありがとうございました。

心に届くハーモニー

1

第○号　●●寺通信　平成○年○月

ごあいさつ

●●寺総代代表　龍谷太郎さま

●●寺○周年をお迎えしまして、誠におめでとうございます。

この記念すべき法要に立ち会えましたことは、本当に有り難いご縁でありました。この良いご縁をさらに強く、そして皆さま方のご縁を大切にいたしまして、お念仏の灯火を伝え広めてゆく思いであります。これからも住職さまとともにこの歴史ある●●寺を支えてゆく所存でございますので、どうぞ皆さま方もいつでもお気軽に●●寺にご参拝くださいますよう、お願い申し上げます。

本願寺念仏奉仕団に参加して

初めて「念仏奉仕団」に参加して

山本典子さま（▲▲市▲▲町）

○月○日、第○回念仏奉仕団に初めて参加し、京都の本願寺へ参拝しました。今回は、ご住職を含めて総勢○名での参加でした。またこの度、龍谷次郎さん、本山花子さん、門前一郎さんがおかみそりを受式され、3名の方が仏弟子の誓いをされました。奉仕団日程終了後は、かねてより見学を予約しておりました△△庭園へも足を延ばし、美しい景色を楽しみました。お天気にも恵まれ、とても良い旅になりました。

△△庭園にて

おかみそりを受式しました

本山花子さま（▲▲市▲▲町）

○月○日～○日の一泊二日の日程で、●●組で本願寺念仏奉仕団として上山し、●●寺からも○名が参加しました。朝の9時に●●を出発しましたら、昼前にはもう京都に着きました。本願寺のお隣にある聞法会館でお昼をいただきまして、午後1時から開会式、その後はお御堂の清掃をお手伝いしましたが、ご本山のお御堂は大変に立派で、床を磨く手にも力がこもりました。

次の日はお晨朝に参拝し、その後でおかみそりを受式しました。朝のお勤めは清々しく、身も心も引き締まる思いでした。また、緊張しましたが、晴れがましさは言葉にできないほどでした。

朝ご飯をいただいた後、お堂の奥庭の清掃活動に加わり、それから書院にてお抹茶のご接待をいただきました。最後に、ご門主さまからお言葉をちょうだいしまして、記念撮影の後で閉会式となりました。

このたび初めて奉仕団に参加しましたが、驚きと感動の連続で、本当によき思い出となりました。また、ご本山での奉仕活動の後は、▲▲亭で京都のおばんざいのお昼をいただき、△△庭園を見学させていただきました。

とても楽しく充実した旅行でした。引率してくださったご住職さま他、この奉仕団へのお誘いをくださった方々へ、心から御礼を申し上げます。

2

第○号　●●寺通信　平成○年○月

○○年初参式

○月○日、○○年の初参式を執り行い、○名が初参りいたしました。

ご結婚おめでとうございます！

平成○○年○月○日　尊いご縁に結ばれて、新たな夫婦が誕生しました。

新郎　龍谷　太郎さん
新婦　本山　花子さん

●●寺本堂にて、ご家族、ご親族、ご友人たちに見守られるなか、お念仏薫る人生をともに送っていくことを、阿弥陀仏の尊前に誓われました。

新郎の龍谷太郎さんは、小学一年生の頃から中学二年までの八年間●●寺の日曜学校に通っていて、「結婚式は、お育てをもらったこの●●寺で挙げたい」とずっと考えていて、新婦の本山花子さんやご家族も賛成してくださったそうです。

当日は住職が司婚者となり、雅楽の演奏のなかでの入堂、お勤め、誓いの言葉、結婚指輪交換、記念念珠授与、焼香、法話と進み、最後に恩徳讃を唱和して、荘厳な感動のうちに新しい夫婦の誕生を祝福しました。新婦の本山花子さんは式の後に、「お寺で結婚式？とはじめは驚きましたが、立派なお堂ですばらしい式を挙げさせていただき、本当に幸せです。これからは夫婦ともに支え合って、あたたかな家庭を築いていきたいと思います」と話してくださいました。太郎さん、花子さん、ご両家のみなさま、この度は誠におめでとうございます。

3

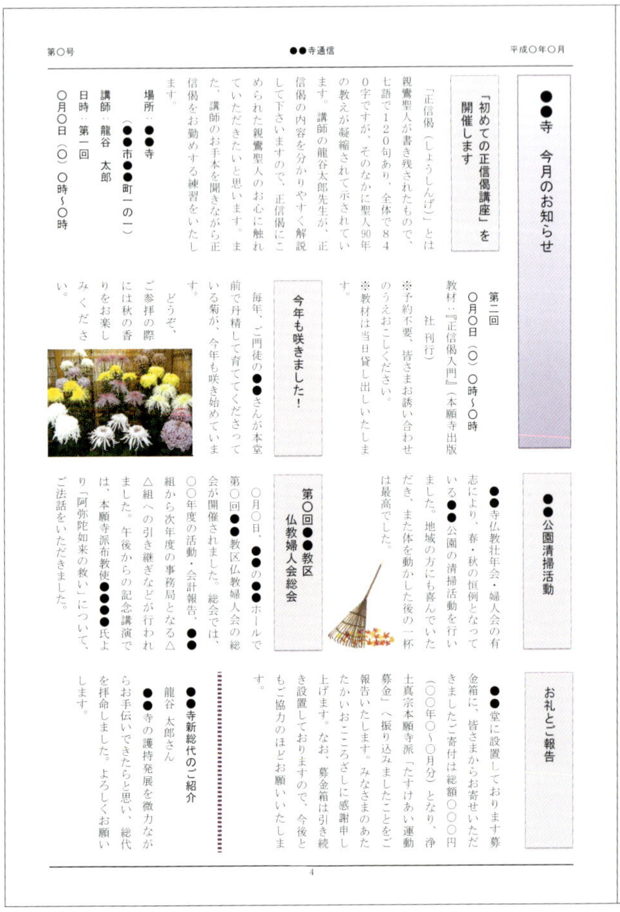

第○号　●●寺通信　平成○年○月

●●寺　今月のお知らせ

「初めての正信偈講座」を開催します

「正信偈（しょうしんげ）」とは親鸞聖人が書き残されたもので、七語で120句あり、全体で840字ですが、そのなかに聖人90年の教えが凝縮されて示されています。講師の龍谷太郎先生が、正信偈の内容を分かりやすく解説して下さいますので、正信偈にこめられた親鸞聖人のお心に触れていただきたいと思います。また、講師のお手本を聞きながら正信偈をお勤めする練習をいたします。

場所：●●寺（●●市●●町一の一）
講師：龍谷　太郎
日時：第一回　○月○日（○）○時～○時
第二回　○月○日（○）○時～○時
教材：『正信偈入門』（本願寺出版社 刊行）
※予約不要、皆さまお誘い合わせのうえおこしください。
※教材は当日貸し出しいたします。

今年も咲きました！

毎年、ご門徒の●●さんが本堂前で丹精して育ててくださっている菊が、今年も咲き始めています。

どうぞ、ご参拝の際には秋の香りをお楽しみください。

●●公園清掃活動

●●寺仏教壮年会・婦人会の有志により、春・秋の恒例となっている●●公園の清掃活動を行いました。地域の方にも喜んでいただき、また体を動かした後の一杯は最高でした。

第○回●●教区仏教婦人会総会

○月○日、●●の●●ホールで第○回●●教区仏教婦人会の総会が開催されました。総会では、○○年度の活動・会計報告、●●組から次年度の事務局となる△△組への引き継ぎなどが行われました。午後からの記念講演では、本願寺派布教使●●●●氏より「阿弥陀如来の救い」についてご法話をいただきました。

お礼とご報告

●●堂に設置しております募金箱に、皆さまからお寄せいただきましたご寄付は総額○○○円（○○年○～○月分）となり、浄土真宗本願寺派「たすけあい運動募金」へ振り込みましたことをご報告いたします。みなさまのあたたかいおこころざしに感謝申し上げます。なお、募金箱は引き続き設置しておりますので、今後ともご協力のほどお願いいたします。

●●寺新総代のご紹介

龍谷　太郎さん

●●寺の護持発展を微力ながらお手伝いできたらと思い、総代を拝命しました。よろしくお願いします。

4

P03-01

第○号　　平成○年○月

○○寺だより

発行　○○寺
○○市○○区○○○○
☎000-000-0000

謹賀新年

謹んで新年のお祝いを申し上げます。

12 月 31 日から翌 1 月 1 日にかけて、恒例の「除夜会」「元旦会」の法要を執り行いました。多くのご参拝をいただきまして、ご一緒に新年を迎えられたことを感謝し、今年も親鸞聖人のみ教えとともに歩ませていただく思いを新たにいたしました。
本年もよろしくお願いいたします。

○○寺住職　○○○

元旦会

1

第○号　　○○寺だより　　平成○年○月

1 年のしめくくり　除夜会のご報告

とても楽しい除夜会でした！

●餅つきにトライ！●

昼過ぎに仏教子ども会の小中学生を迎えて、除夜会は始まりました。お子さんが楽しみにしているのは「餅つき」です。準備は仏教婦人会の方々で、仏教壮年会の方は「餅つき指南役」です。やがて元気なかけ声が聞こえ始めました。臼と杵で餅つきにトライすることがよほど新鮮だったのでしょう。さあ、おいしい餅がつきあがったかな？

お餅を食べた後は、ビンゴゲーム。子どもたちの笑顔がはじけた 1 日でした。

●年越しそばとぜんざいの接待●

夕方になると、「年越しそば」と「ぜんざい」の準備で大忙し。いいにおいがしてきました。○時○分から本堂でお勤めを始めます。そして除夜の鐘つきが始まりました。第 1 打は住職から。いよいよ年が変わっていきました。

2

第○号　　○○寺だより　　平成○年○月

新春を祝う！　催しのご案内

●お気軽にお茶会へ●

平成○○年の「新春の茶会」を下記のとおり開きます。平服で、ご家族やご友人をお誘いのうえ、お越しくださいますよう、ご案内申し上げます。

とき　○月○日（○曜日）、○日（○曜日）
　　　午前○時～午後○時
ところ　○○○寺 門徒会館和室（●市●区●町 1-1）
参加費　○千円（お子様は半額）
連絡先　000-000-0000
誠に勝手ながら、●月●日までにお申し込みください。

●お寺で成人式●

新成人がこれまで育てていただいた方々へ感謝し、今後もみ教えとともに人生を歩んでいく誓いをする式です。

新成人の方は、どなたでも無料でご参加いただけます。また、新成人の方には記念品を贈呈いたします。

成人式

●初参式（赤ちゃんの初参り）●

赤ちゃんの初参りのことを初参式といいます。新しいいのちを恵まれた喜びをご縁として、赤ちゃんとともにご家族そろってお寺にお参りください。

日程：○月○日(○)　午前○時より
※事前申し込み制：お申し込みは○月○日までにご連絡ください。
※各ご家族へ記念念珠・色紙を贈呈いたします。

初参式

● お問い合せは○○寺まで●
☎000-000-0000

3

第○号　　○○寺だより　　平成○年○月

「親鸞聖人の足跡を辿る」参拝旅行のご案内
～東国の地にて～

●親鸞聖人ゆかりの地へ●

前年の本山西本願寺参拝に続き、本年度は「東国における親鸞聖人の足跡を辿る」をテーマに、新潟県上越市周辺に研修旅行を企画しております。

聖人が在地されていた時代から既に 800 年の歳月が過ぎていますが、僧籍を剥奪されて俗人・藤井善信として過ごされた聖人にまつわる寺社や旧跡が数多く残されています。聖人の苦難を偲び、信心を深めるためにも、多くの方のご参加をお待ちしております。

●日　程●

◆日　時　平成○年○月○日
（お寺を朝 7 時頃に出発、翌日の午後 7 時頃に帰着予定です）
◆定　員　50 名
（定員になり次第、締め切ります）
◆締　切　平成○年○月末日
◆費　用　○○円
◆宿　泊　○○ホテル（赤倉温泉）

●訪問予定地●

◆居多ヶ浜（こたがはま　聖人の最初の上陸地）
◆五智国分寺（ごちこくぶんじ）
◆居多神社
◆光源寺
◆ゑしんの里記念館
◆東山魁夷館
◆赤倉温泉

ほとけさまのお話を聴きましょう

○月の法話会
【日　時】　○月　○日（○）
○時：法話会
【法　話】　●●　●●●師
本願寺派布教使
○○市○○寺住職

●当日は送迎車をご利用ください。
○○時：○○駅前→○○時：○○学校前→
○○時：○○公園前→○○時：○○屋→○○寺

今月のことば

一切衆生悉有仏性
（いっさいしゅじょうしつうぶっしょう）

生きとし生けるものには、すべて生まれながらにして仏となる種（仏性）があるということ。浄土真宗では、往生成仏は阿弥陀仏の本願力によるとするから、如来が衆生に与えた信心を仏性としています。
如来の大悲にいだかれてある“私”を知り、新年を機に報恩の心をあらたにいたしましょう。

浄土真宗本願寺派
○○寺

●お問い合せは○○寺まで●
☎000-000-0000

4

P04-01

○○寺　報恩講法要

平成○○年○月○日

報恩講法要へのお誘い

親鸞聖人のご命日（一月十六日）に、聖人のご恩に感謝する法要を「報恩講」と申します。浄土真宗では最も大切な法要で、○○寺では○月○日に報恩講の法要を営みます。

当日は本堂内に、聖人のご生涯を絵で綴った「御絵伝」（ごえでん）を掛け、そのナレーションと言うべき『御伝鈔』（ごでんしょう）を拝読します。

ぜひ、報恩講法要に、皆様お誘い合わせのうえご参拝をくださるようにお待ちしております。

◆予　定

日時　○月○日（○）午前十時より開催

※法要のあと、お斎をいただきます

午後一時より、○○師のご法話

【報恩講のお問い合わせ】

○○寺　電　話　○○○-○○○-○○○○

ファックス○○○-○○○-○○○○

○○寺

○○市○○町○○○　電話 000-000-0000

P04-02

○○寺からのご案内

永代経法要のご案内

どなた様もお誘いあわせて、ご自由にご参拝ください。

とき　平成○年○月○日～

○月○日

場所　○○寺　本堂

永代経法要を執り行います

永代経とは「永代にお経が読まれる」という意味で、そこから「お寺が末永く存続し、仏教が繁盛し続けるように」という願いがこめられた法要です。お念仏の教えを私に伝えてくださったご先祖の遺徳を偲び、私自身が聞法に励んで、喜びを子孫に伝えていく―そのような思いをあらたにする永代経法要にお参りしましょう。

◆○日には以下の予定で「法話会」を開催いたします。どなた様もご自由にお聴聞いただけます(無料)。

◆○月○日

永代経法要　法話会の予定

午前○時…○○○先生

「○○○○○○○○」

午後○時…○○○先生

「○○○○○○○○」

◆遠くにお住まいの方で、○○寺での法要をご希望される方のご相談も承っております。

浄土真宗本願寺派

○○寺

○○市△△町○○

☎000-000-0000

P05-01

「入園式」プログラムは、A4 用紙の両面に印刷して二つ折りすると、4ページのパンフレットになります。

◆保育方針◆

○○寺○○○○幼稚園では、浄土真宗のみ教えをよりどころに、「仏のこども」を育てることを目標としています。

◆保育目標◆

「いのちの大切さ」がわかる子に
「ありがとう」と感謝できる子に
「ごめんなさい」と素直に言える子に
健康な体と心を持つ子に
ともだちと仲良くできる子に

施設案内

広々とした教室で

のびのびと遊び学べます

本山寺　本山幼稚園

○○市○○区○○○町○○-○○
TEL 000-000-0000
FAX 000-000-0000

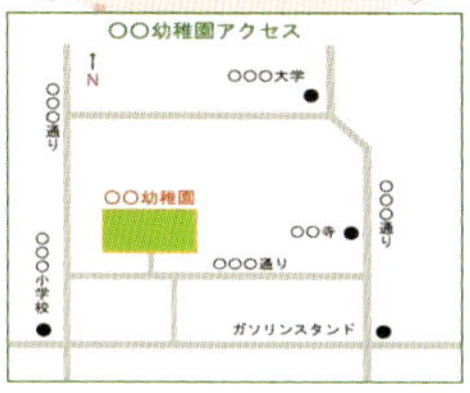

○○年度（平成○○年度）

入　園　式

日時　平成○年○月○日（○）
時間　午前○：○～○：○
場所　本山寺　本山幼稚園

ご入園
おめでとうございます

本山寺　本山幼稚園

ごあいさつ

本山寺 本山幼稚園 園長○○○○

平成○○年度、新入園児のみなさん、入園おめでとうございます。保護者の皆さまにも心よりお祝いを申しあげます。

また、大切なお子さまを当園にお預けいただきまして、ありがとうございます。

当園は親鸞聖人が開かれた浄土真宗のみ教えをよりどころとし、み仏に手をあわせて「感謝の気持ち」「生きとし生けるものの命の大切さ」「他を思いやれる〝やさしい心〟」を育み、実践していきたいと願っております。

今後とも職員一同は保護者の皆さまと心をひとつにして、お子さまの成長を補翼し、見守っていきたいと思っております。大切なお子さまの幼児期、ぜひともお力添えとご理解をいただきますようにお願い申し上げます。

最後に私が常に心にとめている言葉ですが、「感謝」と「報恩」、この言葉をもってお子さまをお預かりいたします。

本日は誠におめでとうございました。

合掌

本山寺　本山幼稚園

第○回　入園式次第

入園児入場

開会のことば

入園児紹介

園長挨拶と法話

来賓挨拶

進級児からのお祝いのことば

閉会のことば

入園児退場

P06-01

P06-02

P06-03

P06-04

P06-05

P06-06

P06-07

P06-08

P06-09

※ p.6 ～ 15 に掲載のカラーイラストが p.20 以降のモノクロページ掲載のテンプレートで使われている場合、テンプレートにはモノクロで貼ってありますが、CD-ROM にはカラーで収録されています。

P07-01

P07-02

P07-03

P07-04

P07-05

P07-06

P07-07

P07-08

P07-09

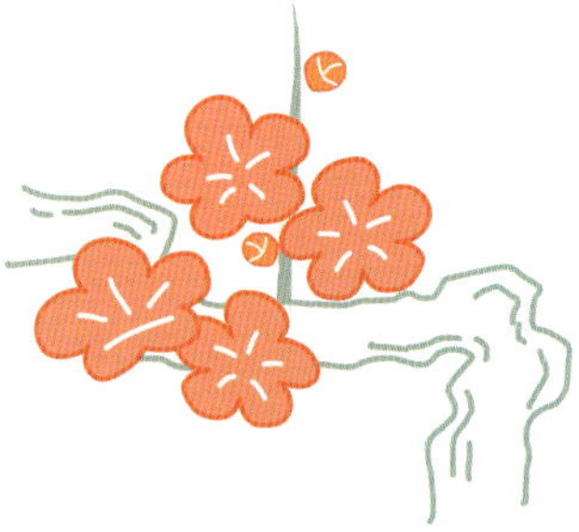

P07-10

P08-01

P08-02

P08-03

P08-04

P08-05

P08-06

P08-07

P08-08

P08-09

P08-10

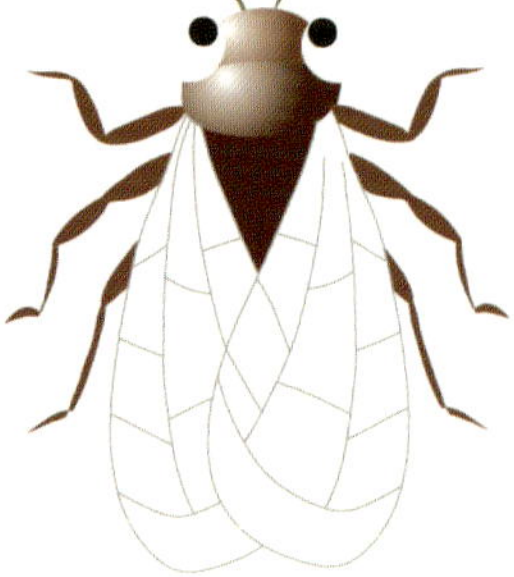

P08-11

P09-01

P09-02

P09-03

P09-04

P09-05

P09-06

P09-07

P09-08

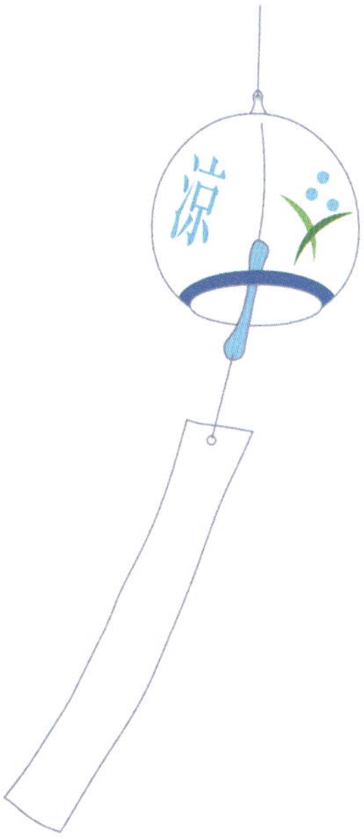

P09-09

P10-01

P10-02

P10-03

P10-04

P10-05

P10-06

P10-07

P10-08

P11-01

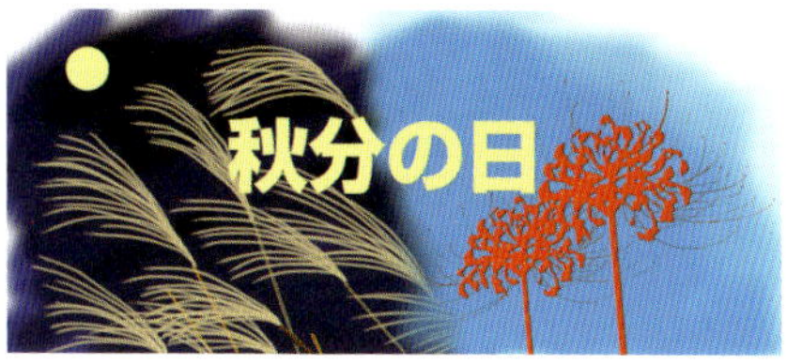

P11-02

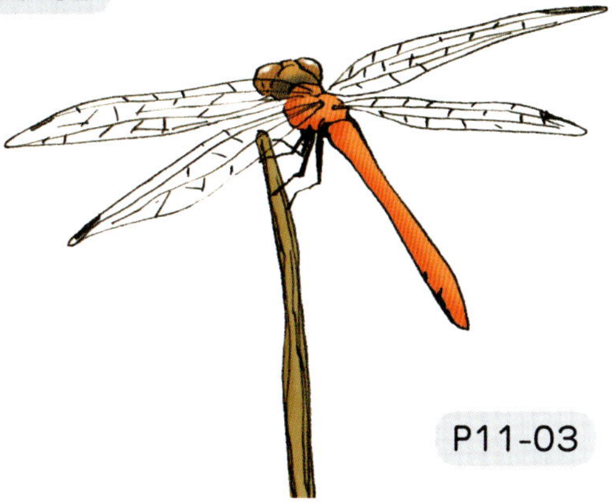

P11-03

P11-04

P11-05

P11-06

P11-07

P11-08

P11-09

P11-10

P12-01

P12-02

P12-03

P12-04

P12-05

P12-06

P12-07

P12-08

P12-09

P13-01

P13-02

P13-03

P13-04

P13-05

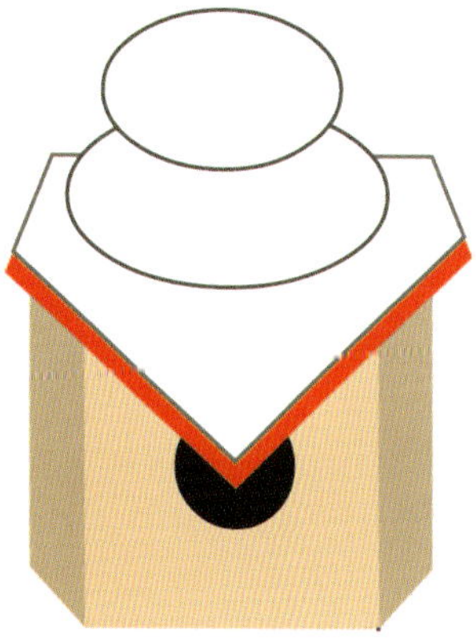

P13-06

P13-07

P13-08

P14-01

P14-02

P14-03

P14-04

P14-05

P14-06

P14-07

P14-08

P15-01

P15-02

P15-03

P15-04

P15-05

P15-06

P15-07

P15-08

P15-09

P16-01

P16-02

P16-03

P16-04

P16-05

P16-06

P16-07

P16-08

P16-09

P16-10

P16-11

P16-12

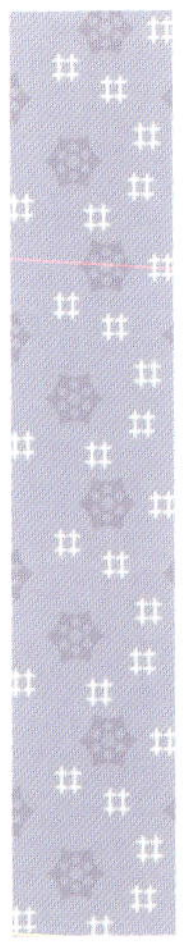

P16-13

目次／CD-ROMの構成

目　次

CD-ROMの構成

CD-ROMには、検索しやすいよう本書と同じ分類でデータを収録しています。各分野のフォルダの中にページごとのフォルダがあり、その中に本書の各ページに掲載されているデータが収められています。

寺報作成に使える素材集

- **カラーイラスト** (P06～P16)
  - 年間行事 (P06～P13)
  - 行事 (P14～P15)
  - 保育関係・飾り物 (P16)
- **カラーテンプレート** (P02～P05)
  - 寺報 (P02～P03)
  - 法要案内 (P04)
  - 「入園式」プログラム (P05)
- **モノクロイラスト** (P36～P86)
  - 春季彼岸会 (P36)
  - 春素材 (P37)
  - 灌仏会（花まつり）降誕会／初参式 (P38～P39)
  - お盆（盂蘭盆会）／盆踊り (P40)
  - 夏素材 (P41)
  - 秋季彼岸会 (P42)
  - 秋素材 (P43)
  - 報恩講 (P44)
  - 冬素材 (P45)
  - 除夜会／修正会（元旦会）成人式 (P46～P47)
  - 念仏奉仕団／団体参拝 (P48～P49)
  - 起工式・上棟式・定礎式 (P50～P51)
  - 結婚式 (P52～P53)
  - その他 (P54～P57)
  - 飾り物・シンプル罫線 (P58～P65)
  - 子ども用 (P66～P77)
  - プトラ&プトリ (P78～P81)
  - 書き文字 (P82～P85)
  - 仏壇のお荘厳 解説図 (P86)
- **モノクロテンプレート** (P20～P52)
  - 寺報 (P20～P27)
  - 法要・行事案内 (P28～P31)
  - 園だより (P32～P33)
  - 行事予定 (P34)
  - 名刺 (P35)
  - 念仏奉仕団／団体参拝 (P48)
  - 起工式・上棟式・定礎式 (P50)
  - 結婚式 (P52)

簡単に作れる寺報のすすめ

● 門信徒の皆さんとのコミュニケーションは

常日頃、門信徒の皆さんとはどのようにコミュニケーションを取っていらっしゃいますか。通夜・葬儀や法要、月忌参りなどのお勤めだけではお会いできる方の数が限られますね。また、実際に会っても、ゆっくりとお話しすることは、なかなかできないのではありませんか？ ブログや Twitter、Facebook は有効な手段ですが、インターネットを使えない方とは繋がりを持てません。インターネットがない時代はどうだったのでしょうか。昔に思いをはせると、お寺は人びとの「心のよりどころ」であったと思います。

● 今も昔も、お寺は「心のよりどころ」

何か心配事が起こると「ご住職に相談してみよう」と人びとはお寺を訪ね、「ちょっとそこまで来ましたので」と言って、ご住職とひとときの歓談をして帰って行きました。境内は子どもたちにとってはかっこうの遊び場で、にぎやかな歓声が満ちていました。お寺は人びとの生活と密着していて、気持ちが通いあう「心のよりどころ」だったのでしょう。それから時代は移っても、お寺は人びとの「心のよりどころ」であることに変わりはありません。多くの方がたにコンタクトをとって、お寺の役割や活動をぜひ知っていただきましょう。

● 心のキャッチボールを寺報で

そこでコミュニケーションツールとして、寺報の発行をおすすめします。インターネット全盛時代の今日、紙に印刷する寺報は効果があるのだろうかと思われるかもしれません。しかし、紙の寺報は手にしたその場ですぐに読めます。手にしたご本人はもちろん、ご家族の目にも触れることができます。保存も、後日読み返すことも簡単です。そして、紙の寺報は手軽に作り始められます。

えっ、手軽に作れる？ 本当だろうか？とお思いですか。難しく考えずに、日々の思いや行事のこと、地域のトピックスなど、伝えたいことを何でも書いてみましょう。年に数回しかお寺に参拝する機会がない方や遠方のご門徒さんには、お寺や地域の近況がよくわかり、理解と親近感を持ってもらえます。発行を続けていくと、読者からの投稿も寄せられるようになり、紙面も充実してきます。やがては、寺報という場で、参拝者の方がたと〝心のキャッチボール〟ができるようになるでしょう。

● 寺報作りは難しくない

「なるほど寺報は効果がありそうだ！ しかし、文章を書くのは苦手だし、本当に作れるのだろうか…」と不安を抱いたご住職、坊守さん、大丈夫です、どなたでも作れます。紙の寺報は手軽に作り始めることができるのです。最初から立派なものを作ろうと考えずに、A4 サイズ 1 枚を作ることから始めてはいかがでしょう。

本書がそのお手伝いをいたします。本書にはお寺の行事や催しの案内・告知などに使える寺報のひな形（Word 用のテンプレート）、挿絵に使える画像が多数収録されています。テンプレートを選び、必要に応じて文章を書き換えるだけで、寺報が簡単に作れます。

● はじめの一歩はテンプレートを活用

デビューは A4 サイズで案内状を作ることから始めましょう。本書の行事案内のテンプレートから、用途に適したものを選び、寺号・住所・開催場所・日時などを入力すると、行事案内が完成します。同じように他の行事テンプレートを使うと、さまざまな行事や催しの案内が短時間で作れます。

次は寺報作成にチャレンジしてみましょう。寺報テンプレートの１ページ目を開きます。オリジナルの名称をつけ、必要な箇所に文字入力をした後、不要なページを削除すれば、１枚の寺報が出来あがります。１枚の寺報でも十分にコミュニケーションが始まります。寺報作成に慣れたら、ページを増やしてみましょう。大切なことは続けて発行することです。

● オリジナルの寺報に作り替えよう

テンプレートの使い方に慣れたら、次はテンプレートの文例を参考にして、オリジナルの内容を書いてみませんか。お寺や地域には話題がたくさんあります。お寺の庭に咲いている花、季節の推移や天候のこと、お寺や地域の行事、月参りの道々で気づいたこと、門信徒の方から聞いたお話、浄土真宗のみ教え、門信徒さんに関すること、何でも記事になります。

次にレイアウトを工夫し、さらにオリジナル性を高めてみましょう。文字や画像サイズに変化をつける、配置を変える、自分で撮った写真を挿入するなども簡単にできます。

記事に関しては、読者が参加できるコラム、仏事・作法の知識、お寺の昔話・地域の今昔物語、お寺独自のトピックスなどを加えれば、世界でただひとつのオリジナル寺報が誕生します。

● 寺報を配布するには

苦心して作った寺報は、一人でも多くの方に読んでほしいですね。遠方の方には郵送し、近隣のご門徒さんには、訪問の折に手渡します。また、お寺の本堂の入り口などに常時設置して、「ご自由にお取りください」と貼り紙を付けておきます。盆・正月・彼岸など参拝者が多い時期は本堂前に机を置き、その上に寺報を載せて披露してはいかがでしょうか。

● 寺報が育てる真のコミュニケーション

寺報を発行して、読者の反応に手応えが感じられるようになると、次は何をテーマにして展開しようか、どんな企画が門信徒の皆さんに興味を持ってもらえるだろうかと考えるのも楽しくなるのではないでしょうか。そして、ご門徒さんも寺報を介してみ教えやお寺のできごとに関心をもち、お寺と門信徒の方との間に連帯感が生まれます。そして、ともに学びあうということになり、寺報を絆にして、真のコミュニケーションが育っていくことを願っております。

P20-01

○○寺だより

平成○年○月
第●号

み仏の子の笑顔が輝いて（入園式）

桜咲く○月○日、○○寺幼稚園の入園式を行いました。新入園児のみなさん、並びに保護者の方々、入園おめでとうございます。紙面を借りまして皆さまに心よりお祝いを申し上げます。また、大切なお子さまを当園にお預けいただきまして誠にありがとうございます。

当園は○○年の開園以来、み仏に手をあわせて「感謝の気持ち」「生きとし生けるものの命の大切さ」「他を思いやれる〝やさしい心〟」を育み、実践して参りました。今年の新入園児の保護者の中にも、懐かしいお顔を拝見いたしました。尊い命が受け継がれていくことに、深く感謝いたしました。

今後とも職員一同、保護者の皆さまと心をひとつにして、お子さまの成長を見守っていきたいと思っております。大切なお子さまの幼児期、ぜひともお力添えとご理解をいただきますようにお願い申し上げます。

最後に私が常に心にとめている言葉を披露させていただきます。「感謝」と「報恩」、この言葉を持ってお子さまをお預かりいたします。

本日は誠におめでとうございました。

○○寺幼稚園園長　●●●●

満開の桜のもと、なにを思う

卒園記念の桜は今…

園庭にたたずむ大きな大きな桜の木。これは今から30年ほど前に卒園記念として植えられたものです。春先は卒園や入園、社会では入社や異動があって、何かと気持ちが落ち着かないことが多く、ときには私も桜の大木を眺めながら柄にもなく感傷に浸ったりします。

日本人は桜が大好きです

どうも日本人は桜が大好きです。桜は一年間も花を咲かせる準備をしても一週間で散ってしまいます。

満開の桜のもとに佇むと、一斉に花を咲かせる命の息吹に圧倒させられるとともに、散り際のあっけなさに世の無常を感じます。人として生まれてきて定まっていることは、いつの日か人は死んでいくということです。「醍醐の花見」の宴を開いた秀吉でさえ、まもなく愛児の行く末を心配しながら亡くなってしまいました。誰にでも死は平等に訪れます。桜にまつわる話と言えば、親鸞聖人にこのようなことがありました。

一陣の風で散る桜に…

親鸞聖人は、公家の家に生まれ、幼くして伯父の家に養子に出されました。そして八歳のときに母上と死別され、この幼い身で世の中の儚さを思い知られて、出家の決心をされたと伝えられています。『御絵伝』に次の場面が描かれています。

爛漫と桜が咲き誇る春の頃、出家の意思を固めた松若丸（親鸞聖人の幼名）は伯父の日野範綱卿とともに、京都東山の青蓮院の慈円和尚のもとを訪れました。松若丸が出家の意志を伝えますと、慈円和尚は九歳の身で出家を志すことにたいそう驚かれましたが、その決心の固いことを知り、出家を認めました。そこで「明日にも得度の式をあげよう」と慈円和尚が言われたとき松若丸は、

「明日ありと思う心のあだ桜　夜半に嵐の吹かぬものかは」

と一首の歌を詠み、

「明日もまた咲くはずの桜も、一陣の風で散ってしまうことがあります。人の命は桜の花よりもはかなきものと聞いております。幼い我が身とて明日も命があるかどうかはわかりません。明日といわず、どうか本日、得度をお許し願いたいと存じます」と重ねてお願いされました。そこで、慈円和尚は「そなたがそこまで諸行無常を感じているのなら、早速、得度の式をあげよう」と言われました。親鸞聖人、桜が咲き誇る春、九歳の旅立ちでした。

この決心を貫く強い気持ちこそ、やがて多くの人々に教えを伝える原点となったのだと思いますと、感慨深いものがあります。

親鸞聖人がご覧になった桜も、卒園記念として植えられた園庭の桜も言葉はひとことも発しませんが、人間の営みと時の流れをただ静かに眺め、一夜の嵐で散っていきます。一夜の嵐の後に後悔をしないように、せめて一日いちにちを大切にしていかなければと、桜を見ながら心を引き締めました。

お寺からのお知らせ

今月の行事（平成○年○月～○月）

○月○日（　）午後○時　○○○○
○月○日（　）午後○時　○○○○
○月○日（　）午後○時　○○○○
○月○日（　）午後○時　○○○○
○月○日（　）午前○時　○○○○
○月○日（　）午前○時　○○○○

今月の法話会

法話：○○寺住職●●
日時：○月○日（　）
時間：○時より

●●住職をお招きして法話会を開催いたします。ご家族やご近所をお誘いあわせてのご参加をお待ちしております。

◆法話会終了後は、●●住職を囲んで、座談会を開きます。日頃疑問に思っていらっしゃることや子育て、地域のこと、何でもお気軽におたずねください。

茶菓もご用意しております。

（参加は無料です）

○○寺 仏教壮年会「●●会」発会にあたって

○○地域において各寺に仏教壮年会を創設しましょうという気運が高まり、当○○寺においてもご住職および門徒会のみなさまのご理解とご支援をいただきまして、結成準備会を立ち上げました。その後、多くの方々からのご賛同をいただきまして、○○寺仏教壮年会「●●会」という名称で、本山の仏教壮年会連盟に加盟し発足することができました。厚く御礼を申し上げます。

私□□が初代会長を仰せつかり、誠にありがたいと存じますが、正直なところ緊張しております。●●会」の円滑な活動と○○寺の護持繁栄のため、万里一空の決心で臨ませていただきます。ご支援のほど宜しくお願い申し上げます。

●●会　会長

◆連載　仏事の作法（第3回）「お念珠」について

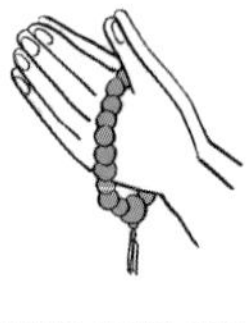

両手にかけて、房は下にたらします。

主に仏前で礼拝するときに用いる大切な法具です。合掌のときには両手にかけ、房を下にたらし、親指で軽くおさえます。合掌しないときは左手に持ち、房は下にたらします。いつも念珠を身につけることは、門徒のたしなみのひとつです。ていねいに取り扱い、投げたり、畳の上に直接置いたり、持ったまま手洗いに行ったりしないよう、心がけましょう。

門信徒会　通信

◆○○○○代表が勇退され、新代表に●●●●さん◆

約20年にわたり門徒会会長を務めていただいた○○○○さんの退任を受けて、●●●●さんが新会長に就任されました。

○月○日の定例門徒会において、退任が受理され、あわせて新代表の●●●●さんが選出され、満場一致で承認されました。

前会長の○○○○さんは、本堂の修復や参道の整備は言うにおよばず、どなたのお話にも耳を傾けて、つねに相談ごとには笑顔と真心で接しておられた姿勢には誠に頭がさがる思いでありました。長い間本当にありがとうございました。会長を退かれても〝参与〟として今後もお力添えをいただき、ご指導のほどをお願い申し上げます。

◆門徒会会長就任にあたって◆

新会長　●●●●

このたび由緒ある○○寺門徒会の会長という重責をいただくことになり、誠に光栄に存じます。

私事で恐縮ですが、近年相次いで両親を亡くしまして、その折にご住職さまからいただいた言葉に深く感銘いたしまして、昨年末に本山で帰敬式を受けさせていただきました。

門徒としてはなはだ未熟な私ですが、浄土真宗門徒としての自覚と誇りを新たにし、○○寺発展のために、ご住職さま、前会長さま、会員のみなさまがたに教えをいただき、誠心誠意つとめていきたいと存じます。

ご指導ご協力のほどよろしくお願い申し上げます。

ご逝去された方々

●月●日　△△△△△（○）
△△△△△（○）
●月●日　△△△△△（○）
△△△△△（○）
●月●日　△△△△△（○）
△△△△△（○）
●月●日　△△△△△（○）
△△△△△（○）

編集後記

♫みなさま、こんにちは！　今月号からお手伝いをしている●●●●です。文章を書くのは苦手ですが、写真には自信があります（？）。紙面のトップを飾る写真を目指して頑張ります。

♫今月号からお二人の方にお手伝いをお願いできるようになりましたので、さらに充実した「○○寺だより」をお届けできると思います。どうか次号をお楽しみに。

◆浄土真宗本願寺派◆
○○寺
○○○市○○○町○○○
お問い合わせは
☎○○○-○○○-○○○○

P21-01

○○寺通信

第○号　発行　○○寺

シリーズ　**親鸞聖人の言葉**

愚禿《ぐとく》が心《しん》は、
内《ない》は愚にして外《げ》は賢なり

これは親鸞聖人が83歳のときに著された『愚禿鈔』の一節です。愚禿とは、「外見は僧の姿をしていても、心や行いは俗人と少しも変わらない、愚かな凡夫です」という意味です。

さて、冒頭の言葉に戻りましょう。親鸞聖人は『愚禿鈔』に、この言葉を二回も書かれています。

◎**賢者の信は、内は賢にして**
外は愚なり
◎**愚禿が心は、内は愚にして**
外は賢なり

「愚禿と名のる私の心は、その内側には愚かさを持ちながら、外見には賢く振る舞って生きていこうとしている」ということです。

カッコつけず、自らと向き合う

「外は賢なり」の「賢」とは「ええ格好をする」、「偉そうにする」と言い換えてみるとよく分かります。今風に解釈しますと、「うわべだけはカッコつけて生きてまっせ」ということでしょうか。

無理にカッコつけて生きていると、そのような自分が嫌になったり、背伸びしてカッコよく見せることに疲れてきたりします。また、本当の自分と向き合うことがないので自分の真の姿さえわからなくなります。親鸞聖人はどうなさったのでしょうか？

親鸞聖人はカッコつけて生きていたわけではありません。反対に「愚禿」という名のりから分かるように、自らと真正面に向き合い、自らを偽らずに生きていこうと考えられたのです。「外は愚なり」というときの「愚」とは、ええ格好をしないで、「私にはできません」、「ごめんなさい」、「ありがとう」と言えることでしょうか。

等身大の生き方

私たちはさまざまな悩みや問題を抱えながら生きています。それらを周囲に気づかれぬように、何の問題もないかのように上辺を取り繕い、ごまかしながら生きて行こうとしています。この行為は「愚かさ」が源となっています。親鸞聖人は、自分を自分以上に見せて、「ええカッコし」ではなく、等身大の生き方を私たちに教えているのです。また、私たち一人ひとりに、「あなたは今どのように生きているのか」と問いかけ続けているのです。

参拝旅行
親鸞聖人の足跡を訪ねて

◆海と空と笑顔が輝いて
○○寺●●会役員○○○

初孫さんが誕生！　ご縁ですね

天気予報が気になって窓ガラス越しに空を仰ぐと、鼠色の雲を跳ねのけて細い光が差し込み始めました。このぶんだと雨の心配はなさそうでした。

本日は『親鸞聖人の足跡を訪ねて』の研修旅行の日。気心が知れた皆さんたちとおしゃべり交換をしながらバスは一路越後へと向かうはずでした。〝はずでした〟と書いたのは遅刻者がひとりいて、皆で首を長くして待っていたからでした。それには理由があって、それがなんとまあ、初孫さんの誕生とのこと。「孫の顔だけ見て、皆さん方をすぐ追いかけますから先に行ってください」とは言われたものの「めでたい話じゃないですか。ちょっと待ってあげましょうよ」と●●さんが言い出して、「そうしましょうよ、急ぐ旅ではないからね」と、一同話がまとまって遅刻者の登場をニコニコ顔で待っていました。

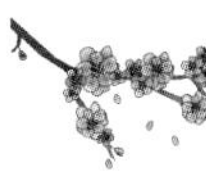

待つことしばし…息せき切って「お陰さまで可愛い孫の顔を見ることができました！　ありがとうございました」と遅刻者が登場。一同は拍手で迎えて、弾む心を乗せてバスは出発オーライ！　越後の国府（現在の上越市）を目指しました。

バスは一路越後へと

親鸞聖人が承元の法難に遭い、越後に流されたのは35歳の時でした。僧籍を奪われて「藤井善信」という俗人となられた身にとって越後の地はどのように映ったことでしょうか。

聖人の最初の上陸地である居多ヶ浜に到着しました。沖には大波が見えるものの、長閑な磯辺が続く海岸です。私達も聖人と同じコースを辿ってみました。

〝見真堂〟に参拝

居多ヶ浜のすぐ上の高台は「親鸞聖人上陸の地」として整備されていて、展望台から眺めると、穏やかな海がひろがります。夜になると夜光虫が輝くこともあるそうです。高台にある、法隆寺夢殿を模した八角形の小さなお堂の〝見真堂〟にお参りしました。

次に訪れたのは鬱蒼とした森に囲まれた「越後一之宮・居多神社」です。親鸞聖人が居多ヶ浜に上陸して国府に向かう途中に立ち寄られたと伝えられています。越後七不思議の〝片葉の葦〟のお話も聴きましたよ。

竹之内草庵跡へ

親鸞聖人が配流されて最初の配所が、五智国分寺の境内に残されている竹之内草庵跡です。境内には草庵の跡を示す「竹之内草庵跡石碑」や、聖人が自ら刻んだ坐像を安置する親鸞堂がありました。

私のつたない文を、このへんで壮年会の○○さんにバトンタッチいたします。

◆再び訪れて思うこと
○○寺仏教壮年会　○○○○

あれから数十年…

私が親鸞聖人の流刑地を訪ねるのは初めてではありません。いろいろなことがありまして、〝命の洗濯〟にふらりと見知らぬ土地に行きたくて電車に乗っていました。『歎異抄』を常に傍らに置いていた父が亡くなったこともあり、知らず知らずのうちに越後に足が向いたのかもしれません。そのときの居多ヶ浜は大荒れの吹雪でした。見学どころではなく、鉛色の空から怒ったごとくに吹き降ろす北風と舞い狂う雪を、呆然と眺めているだけの自分でした。都会で生まれて暮らしていると自然の厳しさはテレビの報道でしか知ることができません。誰もいない冬嵐の居多ヶ浜で、私は凍えるだけの小さな小さな存在でした。

「あれから数十年…」というのはキミマロさんのセリフですが、再び居多ヶ浜を訪れる機会を得ましたことは何かのご縁ではないかと思っています。生前の父のように『歎異抄』を傍らに置いて繙き、私だけでは理解できないのでご住職様にお教えいただいております。前置きが長くなりまして失礼いたしましたが、次は「鏡ヶ池」に参りました。

流罪勅免の地「鏡ヶ池」

五智国分寺の朱の裏門の向かい側にあるのが「鏡ヶ池」。流罪を勅免された記念に剃髪され、別れを惜しむ信者のためにご自分の姿を映して木像に刻んだといわれる伝説の池です。この木像が国分寺境内の竹之内草庵に『伝親鸞聖人座像』（上越市文化財）として残されています。ご自分で彫られたかどうかはともかく、日々一生懸命に生きられて、わずか七年間で大変多くの方に布教をされたお姿が彷彿としてまいります。

「ゑしんの里記念館」

最後は「ゑしんの里記念館」を見学しました。恵信尼さまは親鸞聖人にとって最高のパートナーであったと一同大納得！

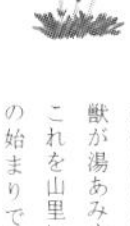

「うちのかみさんも少しは見習ってくれれば…」と●●さんがひとりごちると、奥様は「えっ？　あなたこそ聖人のように大きな包容力があったらねぇ」と軽いジャブの応酬があり、みんなが笑いこけるという一幕がありました。●●さんも聖人と比較されては反論の余地がありませんね。ところで、恵信尼さまほど僧侶の妻で有名な方はいませんが、まだまだ謎の部分が残されており、僧侶の妻という立場を離れて一女性としても素晴らしい方ではなかったかと想像します。子育てをし、家庭を守り、そのうえ布教に励むという、超スーパーレディです。

親鸞聖人ゆかりの温泉

今宵の宿は赤倉温泉の「●●ホテル」です。越後に流された聖人が妙高山に登り、下山の途中で野獣が湯あみする姿を見つけられ、これを山里に伝えたのが赤倉温泉の始まりであると言われています。早速お風呂を頂いて、さっぱりした後は、ご住職の持参した懐中名号の前に集まり、勤行いたしました。お勤めの後の夕食が美味しいこと！は言うまでもありません。さあ、明日のために本日学んだことを記憶に留めようとしましたが、心地よい眠気には勝てませんでした。

今月の行事案内

先月の「参拝旅行　親鸞聖人の足跡を訪ねて」は、行く先々で地元のボランティアの方が丁寧な解説をしてくださり、本当に感謝いたしました。

小学校高学年くらいのお子さんに「なぜボランティアをしているのかなあ？」と訊ねましたところ、「わざわざ来てくれた人に、親鸞さんのことを少しでも教えてあげたいから」という返答でした。

自分が何かいいことをしているとか、人のために尽くしているなどの妙な気負いがない、真っ直ぐな気持ちは、まさに「ほとけの子」との出会いでした。私は思わず手をあわせました。時代を担って行く「ほとけの子」を応援いたしましょう。

○月○日　法話会
時間：○時より
法話：○○寺住職

○月○日　土曜こども会
時間：○時より

○月○日　●壮年会集会
時間　○時より

○月○日　法要法座
時間：○時より

○月○日　土曜こども会
時間：○時より

○月○日　○○○○
時間：○時より

○月○日　○○○○
時間：○時より

○月○日　○○○○
時間：○時より

参加者募集中
○○寺 本願寺念仏奉仕団

毎年恒例の『○○寺　本願寺念仏奉仕団』の日程が決まりました。本年度は

●月●日より●月●日です。

詳細は別紙にてご案内いたしますが、応募の締め切りは**●月●日**となります。

奉仕活動終了後は大谷本廟に参拝し、宇治の「源氏物語ミュージアム」を訪ねてから奈良へ向かいます。最終日には「唐招提寺」や「東大寺」などを巡る予定です。

近年、男性の方の参加も増えております。親睦を兼ねて、笑顔満載の奉仕団ツアーへぜひご参加ください。

申し込みはお電話でも受け付けます。

永代経懇志進納

平成○年○月～

◈○○○○○様　○○円
◈○○○○○様　○○円
◈○○○○○様　○○円
◈○○○○○様　○○円
◈○○○○○様　○○円

ご懇志は、○○寺の仏具をはじめ、護寺運営・伝道教化の資とさせていただいております。

浄土真宗本願寺派
○○寺
○○市○○○町○○○
お問い合せは
☎000-000-0000

P22-01

●●寺　○○だより

第○号
発行　平成○年○月
●●寺　●●市●●町 1-1
☎000-000-0000

第○回　●●寺 本願寺念仏奉仕団（●月●日～●月●日）

今年度の●●寺 本願寺念仏奉仕団は、本願寺恒例法要『春の法要（立教開宗記念法要）』に参拝してご門主さまのご親教に遇えるなど、希有な体験をさせていただきました。
参拝・奉仕活動の際は本願寺ゆかりの国宝・重要文化財をゆっくりと鑑賞させていただき、尊いご法縁をいただきましたことは誠に感謝の念に耐えません。

西本願寺

1

●●寺　○○だより　第○号

御影堂や白洲の清掃をさせていただきました

2

●●寺　○○だより　第○号

念仏奉仕団に参加して　　　△△△市　○○○○子

永年の念願がかなって、●●寺 本願寺念仏奉仕団の一員として本願寺に参りました。観光で訪れるのと違って気持ちが引き締まり、なぜだか空気までが違うように感じました。さっそく、広い外陣の拭き掃除をさせていただきました。お掃除をしながら、他県の門徒さん方とお話をしたりしまして、たくさんのご縁をいただきました。

その後、「御影堂」向拝口でご門主様と記念撮影、堂内でのご面接にあずかり、大変喜ばしく思いました。「春の法要（立教開宗記念法要）」に参拝させていただきまして、荘厳な法要にとても感動いたしました。

●●寺ご住職様はじめ多くの方々に支えられて初めて参加いたしましたが、このご縁を大切にし、これからも励んで参りたいと思っております。

ホウキもお供えしてきました！

参拝・奉仕活動終了後は、門前町を散策。京都市内を観光し、○○園にて昼食をとり、比叡山のお膝元に位置する〝おごと温泉〟へ宿泊しました。翌日は琵琶湖を巡り、近江商人ゆかりの近江八幡市内を観光いたしました。

京都の○○園にて

門前町を散策

3

●●寺　○○だより　第○号

●月

法話会のご案内

常例法座　　○月○日　時間：○時～○時
ご講師：○○○○
正信偈を学ぶ会　毎月第●○曜日
時間：○時～○時

◆いのちを輝かせる聴聞にたくさん出会いましょう。
◆ご一緒にお参りしましょう。

◆お念珠づくりのお知らせ◆

・手づくり念珠体験です。
・簡単ですからお子さんもどうぞお誘いください。
・材料等は寺でご用意いたします。

参加費●●円（材料代）
日時：○月○日
時間：○時～○時
場所：●●寺本堂

ワンポイントレッスン　門徒心得の帖

法名と戒名は違う？

生前におかみそりを受けて、その時にいただく名が「法名」で、亡くなってから名付けてもらう名を「戒名」と思ってはいませんか？

「法名」と「戒名」はいずれも仏教徒としての名前を表す言葉ですが、浄土真宗では「法名」、他宗では「戒名」と言います。「法名」は「釋○○」の二字で、仏法に帰依し釈尊の弟子となった人の名前です。

自力修行を建前とする他宗では一般の人は亡くなった時に「戒名」が授けられるのですが、浄土真宗は、ありのままの生活の中で仏の本願（ほんがん）を聞き開いていくので、「戒名」を付ける必要はなく、「法名」を受けます。「法名」は「帰敬式」を受式して本願寺住職（ご門主）様からいただくものです。

永代経のお申し込みは

●●寺では、永代経を承っております。永代経とは、故人の命日ごとに永代に経を読むことを申しますが、ただ読むというわけではありません。お経を読むことで仏縁を繋ぐのです。今まであまり仏教に縁がなかった方が、故人を縁として、仏法に触れる機会にもなりえるのです。そして、その法を聞く宗教空間としてお寺があります。

お寺という、非日常の空間を通し、故人を縁として、自分だけではなく、後の世代も仏縁に出遇うことを願う、このことが永代経の意義だと言えるでしょう。

何か疑問やお悩みがございましたら、ご遠慮なくお電話でどうぞ。

浄土真宗本願寺
●●寺
○○市○○○町○○○
お問い合わせは
☎000-000-0000

み教え、仏事など
何でもご相談ください。

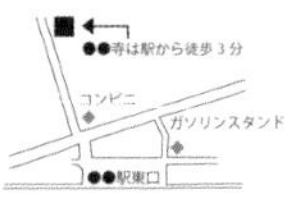

4

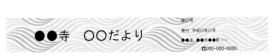

P23-01

●●寺通信

第○号　平成○年○月
●●寺　△△市△△町 1-1

報恩講

●●寺にて、○月○日～○日に報恩講法要を執り行いました。

90 年にわたるご生涯をかけてお念仏のみ教えを明らかにし、それを私たちに伝えてくださった宗祖親鸞聖人さまのご遺徳を偲び、お念仏のみ教えに生き抜こうとの思いから勤める法要で、浄土真宗において最も大切な法要です。

本山である西本願寺では１月９日～16 日にかけて「御正忌報恩講（ごしょうきほうおんこう）」が勤修されます。

本願寺　報恩講

報恩講法要の勤行後、浄土真宗本願寺派布教使○○寺ご住職の●●講師のご法話を聴聞させていただきました。その後、仏教婦人会の方々が作られた心のこもったお斎（とき）をいただきまして、お念仏をより一層ありがたく味わわせていただきました。

報恩講　●●寺特製　お斎

本願寺　報恩講

1

●●寺通信　第○号

●●寺　Topics　1

●●寺　まねぼう会が発足！

「●●寺　まねぼう会」が発足しました。現在のメンバーは総勢 24 人ですが、参加者を大募集中！です。

「まねぼう会」というネーミングは、学ぶことは難しそうだから、とりあえず真似をしていこうという意味です。正しいことを真似するのは何も恥ずかしいことではありません。参加者の大半は、お念仏はありがたいと思っていても、自己流の称え方であったり、仏事のマナーにも自信がないという、ごく普通の方々です。

今回の内容をご紹介しますと、

① 正信念仏偈の正しいお勤め（草譜）
② 正信念仏偈の内容を知る
③ 浄土真宗の正しい仏事作法・入門編

の３点です。

①は、住職がお経本に記してある〝調声〟や〝同音〟などの記号を解説して、一緒に「正信偈（草譜）」をお勤めしました。みなさん、なかなかの美声で、驚きました。

②は、冒頭の「帰命無量寿如来 南無不可思議光」の２句に親鸞聖人の「すべてを阿弥陀如来様におまかせして、救っていただきました」という信仰の結論が述べられていて、次句からはその結論に至る根拠や理由を述べられています。この冒頭の２句の真の意味を学ぶところから始まりました。奥が深いところです。

③は、すぐに役立つ仏事マナーから始めました。念珠の選び方や持ち方、焼香は何回するのかなどの素朴な質問に関しての答えに、参加者は目からウロコ？　次回の「●●寺　まねぼう会」にご期待ください。

◆ひとくちメモ・正信念仏偈とは？
正信念仏偈とは、親鸞聖人の著書『教行信証』の「行巻」の末尾に所収された偈文のことで、「正信偈（しょうしんげ）」とも呼ばれます。真宗の要義大綱を七語 120 句の偈文にまとめたものです。

●●寺　Topics　2

永代経　法要

●月●日（○）昼席　　夜席
●月●日（○）昼席　　夜席
●月●日（○）昼席
昼席○時より　　　夜席○時より

講師
浄土真宗本願寺派布教使○○○先生

●●寺　Topics　3

仏教讃歌を歌う会

♫ ●月●日（○）
♫ 時間　○時～○時
♫ 会場　●●寺門徒会館
♫ 出演　●●寺　仏教婦人会
　　　　コーラスグループ
♫ 入場料・無料

2

●●寺通信　第○号

●●寺　Topics　4

●●寺　石垣造営工事完了

ご懇念ありがとうございました

○○市の危険箇所に指定されたことを受けて、石垣周辺の整備もあわせて、昨夏より改修に向けて造営工事をしておりましたが、この度完了いたしました。また、四季折々の花が咲き乱れる花壇も完成いたしまして、誠にありがとうございました。門信徒の皆さまにご懇念をお願い申し上げたところ、多くのご理解とご支援、ご協力を頂戴いたしました。紙面を借りまして、厚く御礼を申し上げます。

●●寺　Topics　5

仏教壮年会活動報告

親睦ゴルフ大会を開催しました

○月○日、晴天のもとで○○ゴルフ場にて「第●回 親睦ゴルフ大会」を開きました。32 名のご参加をいただき、優勝の栄冠に輝いたのは前年度２位で涙を飲んだ●●●さんでした。最後の大逆転は本当におめでとうございました。何事も諦めてはいけないという手本のような戦いでした。

親睦会を楽しみに、これからも諸事にご協力のほどを宜しくお願いいたします。

伝言板１　バザーにご協力を

ご家庭でご不要になった衣類、収納したままの贈答品、未開封の食品などがございましたら、お寺へお寄りの折にお持ちください。

特にお子さんの衣料、玩具、学用品など歓迎。

持ち寄られた品物は○○組でバザーを開催し、収益金は福祉団体に毎年寄付しております。ひとりの力は小さくとも、集まれば大きな力になります。どうぞご協力をお願いいたします。

伝言板２

次の方が逝去されました。
ご生前のご苦労を偲び、
謹んで敬弔の意を表します。

●月●日　△△△△△（○）
　　　　　△△△△△（○）
●月●日　△△△△△（○）
　　　　　△△△△△（○）
●月●日　△△△△△（○）
　　　　　△△△△△（○）

伝言板３　ちびっ子集まれ！

本年度も恒例の「サマーキャンプ・イン・●●寺」を開催します。

お寺に一泊して、集まってくれたお子さん方と花火やキャンプファイヤーをとおして、ご縁を結ぶ集まりです。難しい話はさておいて、親御さんから離れて同年代のお子さんと過ごす時間の楽しさを、きっとお子さんはわかってくださると思います。

詳細は次号でお知らせいたしますが、お申し込み締め切りは○月○日です。寺にお電話くださってもＯＫです。

3

●●寺通信　第○号

●●寺　むかしばなし　その１

「～昔、昔、小さな山の上に古ぼけた●●という寺があってのぉ～」と昔ばなし風に始めたいところですが、残念ながら●●寺が建立されたのは明治の終わりに近い明治 39 年のことです。このあたりの庄屋であった井上吉右衛門さんが奥さまを亡くされて菩提寺に手厚く葬られましたが、その菩提寺は険しい山をふたつ越したあたりにありました。今では△△線に乗車して６つめの駅ですが、当時では半日以上かかったかもしれません。そのうち吉右衛門さんのたった一人の跡取り息子さんが日露戦争で戦死されました。旅順港の攻防を巡って激戦が繰り広げられた 203 高地で全滅した部隊に所属されていたそうです。その訃報が届いたのが亡くなって三ヵ月も過ぎた頃で、しかも遺骨はありませんでした。吉右衛門さんは悲嘆にくれ、仕事も手につかず毎日泣いて暮らしたあげく、病気になってしまい墓参りにも行けなくなってしまいました。

ある日の明け方、亡くなられた奥さまが夢に現れて、「私の手文庫の中を見てください」と告げられたそうです。吉右衛門さんが手文庫を開けると一枚の絵地図が入っていました。その絵地図を頼りによろよろと村の中を辿って行くと、田畑が一望できる小さな丘に出ました。「はて、どうしたものか？」と落ち葉の上に腰をおろしたところ、何か固いものがあります。何だろう？と思い、落ち葉を除いてみると、奥様が愛用していた櫛が出てきました。驚いた吉右衛門さんは、これには何かわけがあるに違いないと考えまして、村人に支えられながら、山を越してやっと菩提寺の住職さんに相談に行きました。

当時のお寺はよろず相談所の役割も兼ねていたのですね。それだけ庶民の生活に密着していたわけです。私も見習わなくてはと思います。

話を聞かれた住職さんは「ほう、それは亡くなられた奥様が庄屋さんを心配しているのかもしれない。ちょくちょく墓参りして安心させたいところじゃが、その体じゃ無理だし、寺がもっと近ければのう…」と顔を曇らせました。それを聞いた吉右衛門さんは「寺が近ければ？　近くに寺が…そうだ！　寺を建てよう」と決心し、住職さんの許しを得てこの●●寺を建てる決心をしました。

庄屋と言っても寺を建立することは並大抵のことではありません。家屋敷を売り払い、やっと寺を建てましたが、お坊さんがいません。そのとき、小作の倅で大助という若者が両親を亡くして自暴自棄になっているという噂を耳にしました。そこで大助を呼び、一緒に仏様のお話を聞こうと持ちかけましたら、次第に大助の表情が和らぎ、「わかったずら。おいら、寺で勉強してくるべ。戻ってくるまで庄屋のジイ様がお守りしてけろ」と言い残して村を後にしました。

５年後、大助はりっぱな坊さん姿で村へ戻ってきました。この大助が私の５代前の住職にあたります。その後、日本は２度にわたる戦争を経験し、村も否応なく戦禍に巻き込まれていきます。

またの続きは次回へ。どうぞお楽しみにしてください。

お問い合わせは
☎000-000-0000
○○市○○○町○○○

浄土真宗本願寺派
●●寺

4

寺報　B5　文字縦組

P24-01

〇〇寺通信

平成〇年〇月
第●号

お盆が近くなりました

お盆に田舎や実家にUターンなさる方がたくさんいらっしゃいますね。

「盆と正月が一緒に来たようだ」とは、嬉しいことが重なって忙しいさまを表していますが、普段は夫婦だけで暮らしているところに孫を連れた息子／娘夫婦が訪れ、忙しいけれども嬉しいといった情景でしょうか。しかし、「孫は来てよし、帰ってよし」の言葉もございます…

お盆の由来

お盆はいつ頃から始まったのでしょうか。

『盂蘭盆経』によりますと、お釈迦様の高弟の目連尊者が天眼で亡母を探したところ、亡母は餓鬼道に堕ちて苦しまれていました。目連尊者は驚いて供物を捧げましたが、供物は炎を上げて燃え尽きてしまい、困りきってお釈迦様に相談しました。お釈迦様の教えに従い、夏安居の終了日に衆僧に供養したところ、たちまちのうちに亡母は極楽浄土へ参られたという伝説がもとになっています。

奈良・平安時代には、現在のお盆としての形は出来上がっていたようです。

今年もお盆が近づいてきました。ご先祖様や亡くなられた方のご遺徳を偲び、静かに語り合われてはいかがでしょうか。

そして、ご先祖様や亡くなられた方に深い感謝の意を捧げましょう。

期間中は本堂にて盂蘭盆会を執り行いますので、多くの皆様のご参拝をお待ちしております。

盂蘭盆会のお知らせ

☆日時●月●日（〇）
☆午前●～午後●時

◆15日には右記の予定で「盂蘭盆会法話会」もあわせて開催いたします。
◆期間中は、初盆法要の読経を申し受けております。
◆どなた様もご自由に参加できます（無料）

〇〇寺　十一日講法要のご紹介

〇〇寺では毎月十一日に、法要を勤めています。
みなさまお誘いあわせてお参りください。

1月1日 元旦会

4月　花まつり

●月●日　報恩講

毎年6月、〇〇ホールにて仏教講演会と仏讃歌の集い

〇〇寺　●月行事

●月●日（　）
〇時　〇〇〇〇

●月●日（　）
〇時　〇〇〇〇

●月●日（　）
〇時　〇〇〇〇

●月●日（　）
〇時　〇〇〇〇

〇〇寺　念仏研修会

浄土真宗のみ教えについて学ぶ集まりです。現住職を講師として、毎月●日の午後●時より研修会を開催しています。

今月からは、親鸞聖人のお言葉を唯円房がまとめたとされる『歎異抄』の解説を受けています。

有名な「善人なおもって往生をとぐ、いはんや悪人をや」の一文は『歎異抄』の第三章に出てきます。ぜひご一緒に学びませんか。

子育て支援コンサートのお知らせ

●月●日（〇）
●時●分から
〇〇寺　門徒会館

◆講師：〇〇寺住職〇〇〇〇
◆演奏：〇〇寺　土曜学校
◆主催：仏教婦人会

門徒会　定例会議

◆会計監査　●／●
▽〇〇〇〇　▽〇〇〇〇
▽〇〇〇〇（立会）
◆総代会　●／●
◆地区世話役会　●／●

初参式
おめでとうございます

●●●様　長女
〇〇〇ちゃん

●●●様　次女
〇〇〇ちゃん

〇〇寺前坊守満中陰法要勤修　●月●日

永代経法要ご満座の日、前坊守の四十九日法要を△△寺ご住職御導師のもと、親族法中出勤そして大勢のご門徒のみなさまと共に、お勤めいたしました。

入梅の雨降る中、有縁の皆さまにたくさんのお参りをいただきましたこと、心より御礼申し上げます。葬儀からの四十九日間、さまざまな思いの中にいる私たちに、あたたかなお言葉と前坊守の懐かしい思い出をたくさんくださり、それを支えに過ごすことができました。重ねて深謝いたします。

物故者　追悼法要

会員
▽〇〇〇〇さん
▽〇〇〇〇さん
▽〇〇〇〇さん
▽〇〇〇〇さん
▽〇〇〇〇さん

会員家族
▽〇〇〇〇さん
▽〇〇〇〇さん
▽〇〇〇〇さん
▽〇〇〇〇さん

〇〇〇〇〇〇〇

シリーズ　仏事 マナー講座

焼香の際は、
①焼香台の前で一礼します。
②お香を押しいただかずに、そのまま炭の上に一回だけくべます。
③最後に合掌・礼拝をします。

【原稿大募集中！】
みなさまからの原稿をお待ちしております

ひと月に一度はお寺にお参りしましょう

〇〇〇市〇〇〇町〇〇〇
お問い合わせは
☎000-000-0000

浄土真宗本願寺派
〇〇寺

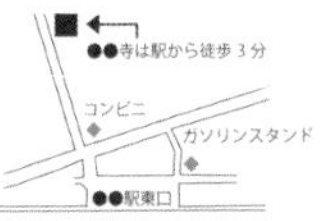

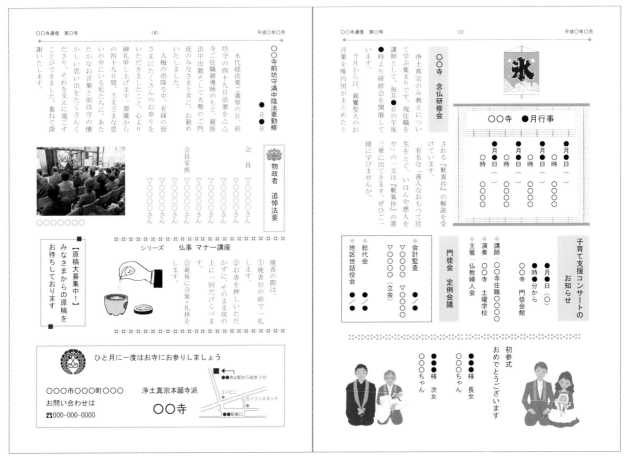

P25-01

○○寺だより

第●号

平成○年○月

灌仏会（花まつり）

お釈迦さまのご誕生をお祝いして○月○日に灌仏会を行いました。当日は稚児装束の可愛らしいお子さま方が、背に「花御堂」をしつらえた白い象とともに△△町内を行進しました。また、△△駅前の広場で婦人会の方々とともに、甘茶の配布もいたしました。

生まれたとたんに七歩も歩いた!?

今から約二千五百年前、インドの北方（現在のネパール）に、釈迦族と呼ばれる種族が、カピラ城を中心に小さな国をつくっていました。国王はスッドーダナ（浄飯）王、妃はマーヤー（摩耶）夫人といいました。

マーヤー夫人は出産のために、自分の生まれた国へ里帰りする途中、ルンビニーの花園で休憩されました。そして、マーヤー夫人がアショーカ（無憂樹）の枝に手を伸ばされた時、すばらしい王子が誕生されたと伝えられています。時は、四月八日のことであったといわれています。この王子は、シッダッタと名づけられました。

シッダッタ太子は、後にさとりを開いてブッダ（仏陀）となられたので、「釈尊（釈迦族出身の尊い方）」とか「お釈迦さま」と呼ばれるようになりました。

仏伝によると、お釈迦さまは生まれるとすぐに七歩あるいて、右手で天を、左手で地を指さし、「天上天下　唯我独尊（天にも地にも　ただ我ひとり尊し）」と、高らかに叫ばれました。その時、天は感動して甘露の雨を降らせたといいました。

「七歩あるいた」ということは、迷いの世界である六道を超えたということを表します。生まれてすぐに、迷いを超えてさとりを開かれたわけではありませんが、後にさとりを開いて仏陀に成られたということを、誕生のところに引き寄せて表しているのです。

また、「天上天下　唯我独尊」という言葉は、決して「他人と比べて、この世の中で自分が一番尊い」という傲慢な意味ではなく、「私のいのちは、天にも地にも、この世にたった一つしかない、かけがえのない尊いいのちである」という意味であり、すべてのいのちの尊さを教えてくれる大切な教えの一つなのです。（『13歳からの仏教』本願寺出版社刊）

蓮如上人ゆかりの地

吉崎御坊跡を訪ねて

○○寺門徒会　○○○○

ゴールデンウィークを利用して○○寺門徒会30名は福井県あわら市の吉崎御坊跡に参拝しました。吉崎御坊は浄土真宗中興の祖といわれる蓮如上人が建立されたものです。ちょうど『蓮如忌』の期間だったので、とても多くの方で賑わい、上人への敬慕がこの地に深く根づいていると感じ入りました。

蓮如上人は大変苦労なさった方で、本願寺の第八代宗主になられたのですが、比叡山延暦寺衆徒の焼き討ちにあい、親鸞聖人の御影を移して逃げ歩く日々を重ねられ、ようやく越前吉崎の地に坊舎を建立されました。この地を北陸における布教拠点として約3年間布教を行われたそうです。

吉崎御坊跡『御山』

まずは吉崎御坊跡（国指定史跡）を見学です。坊舎のあった『御山』は今は公園になっていて桜が咲き、高村光雲作の「蓮如上人の像」や「本堂跡」、「蓮如上人腰掛石」など多くの見どころがありました。

本向寺へ

桜の木陰にある茶店で抹茶をいただいて、次は少し足を延ばして、福井市の本向寺さまへ参拝いたしました。本向寺は、親鸞聖人の直弟子である本光明空が開基したと伝えられています。蓮如上人に伴って吉崎に移転した際、吉崎御坊大火が起こり、当時の住職 了顕は、「教行信証（親鸞聖人の顕著・国指定重要文化財）」を取りに炎上する坊舎へ飛び込み、焼死する前に腹を切って「教行信証」をその中におさめ守ったという「腹籠もりの聖教」の逸話が知られています。

本向寺さまでは、了顕さまを描いた御絵を拝見し、み教えを護り抜かれた尊い思いに感じ入りました。幾度かの移転を経ながらも、創建800年を超える本向寺さまには、他にもさまざまな法物が遺されており、それらをご紹介いただくことで永い歴史の一端にふれた思いになりました。

お知らせ

サマースクール

夏休みの
●月●日～●日

今年もサマースクールを開催します。お寺に泊まって、ムービー鑑賞や、ゲーム大会、スイカ割りや金魚すくいなど、楽しいお泊まり会です。お友だちをさそって来てください。

お寺でたくさんのお友だちをつくろうね！

おみやげもありますよ。

どなたでも参加できます

門徒のお子さん以外でも参加できます。親御さんと離れて他所で泊まったことがないお子さんや友だちをつくりたいお子さん、大歓迎です！

◆下の申込用紙にご記入ください。

■持ってくるもの　お念珠（ない人はお寺で用意します）・筆記用具・洗面道具・着替え（下着）

■参加費　1名　○○○円（当日）　　■申込締切　○月○日までにお寺か役員さんまで

----------切り取って申し込んでください----------

お寺に泊まろう！

平成●年度　○○寺　サマースクール　参加申込書

名前	男・女	学年	小学校
住所		保護者氏名	印

食べ物でアレルギーがあるものや、生活上特に気をつけることがあれば記入してください。
いつも飲んでいるお薬があればそのお薬を持たせてください。

誕生日　　年　　月　　日（年齢　　　）血液型　　　型

今月の行事案内

◈法話会
☆日時　●月●日
・時間　●時より

◈門徒会　役員総会
☆日時　●月●日
・時間　●時より

◈仏教婦人会　記念法座
☆日時　●月●日
・時間　●時より

◈サマースクール準備委員会
☆日時　●月●日
・時間　●時より

◈法話会
☆日時　●月●日
・時間　●時より

ご結婚おめでとうございます！

平成○○年○月○日

尊いご縁に結ばれて、新たなご夫婦が誕生しました。

末永くお幸せに。

新郎　○○○○さん
新婦　○○○○さん

本年度の永代経法要は

今年の永代経法要（●月●日～●日）のご講師は布教使○○寺○○師をお迎えいたします。

○○師は私の師でもあり、豊富なテーマをユーモアたっぷりにお話ししてくださいます。

永代経法要とは、尊い命を授けられた私たちが、法要をご縁として、仏恩報謝の心を表すことであります。

永代経のほか一座経の申し込みも受け付けております。

どうぞこの法要をご縁にして、み教えのご相続を慶ばせていただきましょう。

奉仕活動など

☆境内墓地補修
（○／○～○／○　8名）
☆本堂裏庭植樹
（○／○～○／○　11名）
☆春彼岸清掃奉仕
（○／○～○／○　8名）
☆向拝口補修
（○／○～○／○　4名）
☆本堂清掃
（○／○～○／○　8名）
●みなさま、ありがとうございました。

浄土真宗本願寺派
○○寺
○○○市○○○町○○○
お問い合わせは
☎○○○・○○○・○○○○

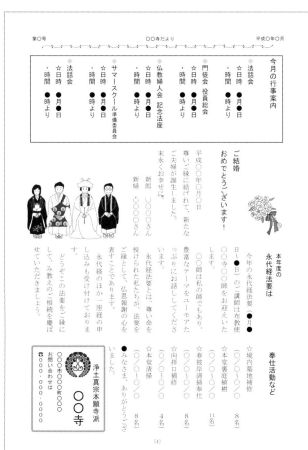

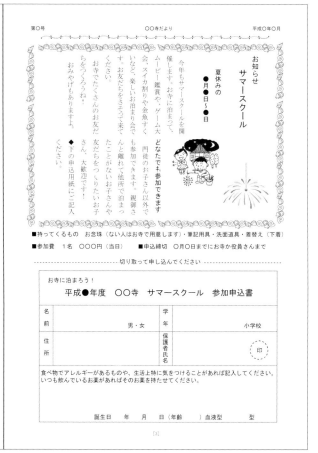

P26-01

第○号　○○寺だより　平成○年○月　○○寺　発行

おかげさまで本堂の大屋根を修復できました

大屋根の破風を新しく

おかげさまで、本堂の大屋根を修復できました。古くなっていた瓦をチタン瓦に取り替え、破風を新しくいたしました。

破風は屋根の柱の突端がドッキングするところですので、長い年月の間には装飾された金がすっかりはげ落ちていましたが、修復後はとても美しく威容が引き立つものとなりました。

さらに使いやすい寺へ

本堂や集会室にエアコンを取り付け、また椅子席をしつらえました。足がご不自由な方や正座に慣れないお子さま方にも、楽な姿勢でみ教えに親しんでいただければと思います。

立て看板も新調。○○寺門信徒より寄贈いただきました

もっと愛される寺へ

可能な限り、バリアフリーに改装しました。お手洗いもバリアフリーに改装し、広くて清潔で明るい空間に生まれ変わりました。

本堂、控室、談話室の壁に吸音材を入れました。大幅に音響が改善されましたので、法話や講話、読経など快適なお聴聞をお楽しみいただけます。

椅子席にも変えられる集会室

四季の移りを眺めるバリアフリーの控室

シリーズ『讃仏偈』に学ぶ

無明欲怒　人雄師子
世尊永無　神徳無量

上の御文は、私が腹を立てたときに胸に宿す句です。

私たちは自己中心の世界にいて、すべてを思い通りにしようとします。自分が正しいと絶対視し、自分の都合に合わないことがあると怒りや腹立ちの心が起こり、思い通りにならないという苦しみが生まれます。

この苦は、自己中心の心「煩悩」からくるもの。自分が正しいという勘違いから離れられない限り、苦悩は尽きません。私たちは煩悩に遮られ、ありのままにものごとを見ることのできない「無明」の闇の中にいるのです。

しかし法藏菩薩が世自在王仏に出遇ったように、私たちもおみのりを聴かせていただくことで、阿弥陀如来の慈悲の光に照らされていることを知り、自己中心の自分のありように気づかされるのです。

怒りや腹立ちやそねみの心を完全になくすことは難しいですが、時々この言葉を思い出して、自分のありようを振り返ってみませんか。

○○寺修築　完成奉告法要
平成○年○月○日

門徒の皆さまがたのご懇志とご協力を賜りまして、念願の大屋根の修復、その他施設のリニューアルが完成いたしました。深く感謝いたしております。

きたる○月○日に完成奉告法要を行いますので、ぜひともご参拝くださいますよう、ご案内申し上げます。

当日は心ばかりの記念品を用意いたします。

○○寺修築工事に関して
懇志進納をいただいた皆さま

○年○月～
◆○○○○○様
◆○○○○○様
◆○○○○○様
◆○○○○○様
◆○○○○○様
◆○○○○○様
◆○○○○○様
◆○○○○○様
◆○○○○○様

○○寺 本願寺念仏奉仕団募集！

毎年恒例の「本願寺念仏奉仕団」の日程が決まりました。●月●日～●日です。

●日の早朝にお寺を出発、お昼には京都に到着し、昼食後より奉仕団へ参加、聞法会館に宿泊します。

翌日、奉仕団日程修了後、宇治、奈良を見学する予定です。詳しくは次号の「○○寺だより」をご覧いただくか、お寺に直接お問い合わせください。
※申し込み締め切りは○月○日。
定員になり次第、締め切ります。

○○家　初参式

○○ご夫妻の●●くんの初参式です。長女の●●子さんは「仏教こども会」に来てくれています。

今月の予定

○月○日　○○○	○月○日　○○○
○月○日　○○○	○月○日　○○○
○月○日　○○○	○月○日　○○○
○月○日　○○○	○月○日　○○○

今月の予定　ハイライト

◆「門徒総代○○さんの紫綬褒章受章を祝う会」を●月●日●時から本堂で開催いたします（仏教壮年会主催）。

◆●月●日●時　仏教婦人会の「心と身体をリフレッシュ！　お寺ヨガ」に●●先生が来演され、指導をしてくれます。飛び入り・初心者大歓迎！！

慶びの法縁
入仏式
（平成●年●月）

「ご本尊」「親鸞聖人絵像」「蓮如上人絵像」を本願寺よりお迎えされた方々。

◆○○○○さん　◆○○○○さん
◆○○○○さん　◆○○○○さん
◆○○○○さん　◆○○○○さん
◆○○○○さん　◆○○○○さん
◆○○○○さん　◆○○○○さん
◆○○○○さん　◆○○○○さん

仏事あれこれ　お布施とは

お釈迦さまから教えを受けたことに対して、食物や衣服を差し上げたことから始まったのが「布施」です。

注意していただきたいのは浄土真宗では、「御霊前」「回向料」「読経料」「供養料」などの言葉は使いません。表記は次を参考にしてください。

御布施	御供	御仏前	御懇志　釈○○
御法礼	御祝　本堂落慶記念	御香典	志

ワンポイント・English
●袖振り合うも多生の縁
Even a chance acquaintance is decreed by destiny.
（訳：偶然に知り合うことも運命による）
英語になると、やや情緒にかけますね。

浄土真宗本願寺派
○○寺
○○○市○○○町○○○
☎000-000-0000

物故者追悼法要

●月●日　△△△△さん

法要にご参加されたご家族・ご親族

起工式

●月●日　△△△△さま宅

●月●日　△△△△さま宅

P27-01

平成○年○月
○○寺　発行

○○寺だより

第○号

みほとけの子は輝いて　児童念仏奉仕団 in 本願寺

みほとけの子が大集合！

この夏は○○寺からも「児童念仏奉仕団」に7名ものお子さんが参加いたしました。全国から集まった小・中学生にまじって、御影堂清掃や法話聴聞、大谷本廟参拝など、得難い経験を通して、ひとまわりもふたまわりも成長して戻って参りました。それでは思い出たっぷりの2日間をご紹介しましょう。

御堂

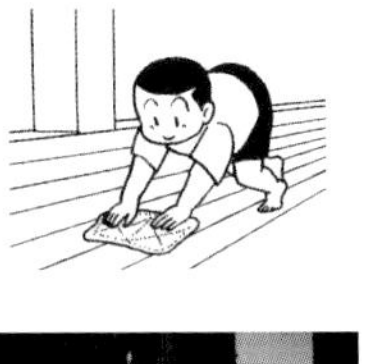

長一い廊下もみんなと競争できれいにしました

「飛雲閣（国宝）」や「鴻の間（国宝）」など、普段なかなか立ち入ることができないところも案内していただきました。

1

○○○○○○○

本願寺・国宝　唐門

児童念仏奉仕団に参加して

5年生　○○○○子

私は京都に行ったことがないのでとても楽しみにしていました。あみだきまにごあいさつをして、みんな一緒に●●くんのお父さんの車で新幹線の駅まで送ってもらいました。

約4時間で京都に着きました。本願寺に行って、いろんなものを見せてもらいました。とても広くて大きくて本当におどろきました。おみどうをおそうじしました。暑くて大変だったけど、みんなでやったので楽しかったです。

大学生のお兄さんやお姉さんがお寺の中を案内してくれて、「国宝」を初めて見ました。とても歴史があって古いそうです。戦争で焼けなくて本当によかったと思いました。

つぎの日は早起きして、「朝のおつとめ」をしました。

○○○○○○○

お坊さんが「いのちをつなぐ」というお話をしてくれました。いのちを大切にしなくてはいけないと思いました。

そのあと、なんぜん寺や金かく寺にも連れていってもらい、家で待っている家族へのお土産話がたくさんできました。きれいな舞こさんが歩いているのも見ました。いろんな体験をして楽しい思い出がたくさんできました。お世話してくれた方々、ありがとうございました。

2

有り難い

文字通り「有《あ》ること難《かた》い」。

「ありがとう」は、一般に感謝やお礼のこころを表す日常語として常識になっています。

「有《あ》り難《がた》い」とは本来、文字通り「有るのが困難、めったにない、珍しい」という意味です。

だからこそ、貴重である、かたじけない、もったいない、畏れ多いという感謝の気持ちを表す言葉になりました。

生物の先生に「現在、この地球上には多くの生命が生まれているが、一番多いのは何ですか」と訊いたところ、バクテリアやウィルスなどのミクロの世界の生物、微生物が多いそうです。

「このいっぱいの砂が地球上の生命の数だとしたら、人間の数は」と問うと、グラウンドへ行き、一握りの砂だと教えられました。

これでは、人間に生まれる可能性は皆無に近いでしょう。三千億分の一だという人もいます。三帰依文に、「人身《にんじん》受け難し、今すでに受く。仏法聞き難し、今すでに聞く」とあるように、人間として生まれることや、仏の教えに遇うことは、なかなか難しく「有り難い」ことなのです。人の身としてこの世に生を受けることの難しさを超えて、私がいまここに生存し得ていることの尊さへの感謝と感動の言葉でありましょう。

何億分の　かの確率で実を結んだこのいのち。そのことを思うと、いまここに私が人のいのちをいただいて存在していること自体「有ること難き」ことであり、奇跡的ともいえる存在であると感じざるを得ません。この存在、不可思議なご縁のおかげというほかありません。

「すべての存在は、例外なく縁によって生まれ、縁によって消えてゆく」というのが仏教の教えです。いまこの瞬間、瞬間はすべて縁によって成り立っているのです。「有り難う」は、単なるお礼の言葉ではありません。私たちを取り巻くすべてのもののご縁とご恩に対する感謝の言葉なのです。

3

◆ お知らせ1　秋季彼岸会

秋季彼岸会を下記の日程で執り行います。

●月●日～●月●日

どうぞご家族でお参りに来てください。

◆ お知らせ2　法話会

●月●日○時～○時

浄土真宗本願寺派布教使の○○先生をお迎えして、法話会を開催します。

み仏の教えを現代に活かして、明日への活力とするために、ぜひとも皆様のご参加をお待ちしております。

※法話会のあと、○○先生を囲んでの茶話会になります（参加費：無料）。

◆ お知らせ3　法話会

各地より参集された 100 名ほどの朋友とご一緒に、「帰敬式」を受式した○○寺の4名を囲んで記念撮影をしました。それぞれに法名を授かり、記念品として式章、お念珠、『浄土真宗必携～み教えと歩む～』をいただきました。

◆ お知らせ4　御礼の茶会

●月●日○時～○時

おかげさまで○○寺は開山○年を迎えることとなりました。そこで、大変お世話になっております皆様方との親睦をよりいっそう深めるために茶会を催す運びとなりました。

ゆったりと一服いただきながら、寺へのご希望やご意見等、忌憚なくお寄せ願えればと存じます。どうぞお誘いあわせてご参加ください。

浄土真宗本願寺派
○○寺

○○○市○○○町○○○
☎000-000-0000

4

生まれて初めてのお寺参り

初参式

お子さまやお孫さまのご誕生、誠におめでとうございます。

新しい命、それはご両親だけでなく、ご先祖さまやご縁ある皆さま方の願いを受けても有り難いことでもあります。

初参式では、お子さまの誕生を阿弥陀如来さまの尊前にご奉告し、この小さな命が健やかに育つよう、感謝の意を捧げます。

誕生して間もないお子さまにとって初めての仏縁を大切に結ぶために、初参式にご参加ください。

初参式次第

- 開式のあいさつ
- 勤行
- 法話、お祝いの言葉
- 記念品贈呈
- 記念写真撮影

（所要時間：約○分　　式料：○千円）

○○家初参式

△△ご夫妻にお孫さんが誕生

◆初参式のお申し込みは下記にご記入ください。

ご本人のお名前　　性別
ご本人の生年月日　　保護者のお名前
おところ　　電　話

浄土真宗本願寺派　○○寺

○○○○市○○○○町○○○○○○○○○
電話 000-000-0000

P28-01

花まつり

４月８日にお生まれになったとされる、お釈迦さまのご誕生をお祝いして、「花まつり」の法要を勤修いたします。

お勤めの後は〝甘茶〟のご接待をいたします。

なぜ「花まつり」では甘茶をお釈迦さまの像にかけるのでしょうか？

それは、お釈迦さまが誕生されたことを祝って空から甘露の雨が降ったという故事にちなんでいます。

春爛漫のうららかな時間の流れのなか、どうぞ皆さま方お誘いあわせてご参拝ください。

□日時　４月　８日（　）

□時間　00時00分～00時00分

□場所　○○寺

浄土真宗本願寺派　　○○寺

○○○○市○○○○町○○○○○○○
電話 000-000-0000

P28-02

P29-01

○○寺 子ども会

○○寺 子ども会は、さまざまな行事に参加し、親鸞聖人のみ教えを聞きながら、次代を担う子どもたちの心がまっすぐ育つよう、お手伝いをさせていただいております。
小・中学生が中心ですが、かつては子ども会の会員だった高校生・大学生のお兄さんやお姉さん方が、ハイキングやお泊まり会などの行事のときは付き添ってくださったりもします。これがとても好評で子どもたちは目を輝かせて、先輩の話に耳を傾けています。

活動は毎月○～○回の予定で、クラフト作り・ペープサート・もちつき・ビンゴ大会などのお楽しみ会や、花まつり・降誕会・報恩講・盂蘭盆会などの法要にあわせて行う楽しい催しを企画しています。
また、春と秋にはみんなでお弁当を持ってハイキングに出かけます。夏休みはお寺に泊まってバーベキュー大会やキャンプファイヤーを体験します。気軽に参加してみてください。

○○寺 子ども会
活動日 : 毎月第○週の○曜日
　　　 : 毎月第○週の○曜日
時間 : ○時～○時
場所 : ○○寺 本堂

本堂で演奏会

境内でボール遊び

浄土真宗本願寺派 ○○寺 ○○市○○○町○○○○
電話 000-000-0000

P29-02

○○寺 仏教壮年会のご案内

○○寺仏教壮年会は、親鸞聖人のみ教えに学び、法話会や親睦会を通して共に話し合い、み教えを依りどころとして、混沌とした社会をよりよく生きていこうと願う集いです。
また、ともにお念仏申す同朋の輪を広げて、念仏者として行動を起こし、心豊かな社会の実現を目指しています。
どなたでも参加できますので、気軽に○○寺にお声をかけてください。

○○寺 住職 ○○○○

法話会

座談会

活動予定 平成○年度

1月1日	元旦会
○月○日	○○○○○○○○
○月○日	総会・記念講演会
○月○日	永代経法要
○月○日	○○○○○○○
○月○日	親睦会
○月○日	念仏奉仕団参加
○月○日	○○○○○○
○月○日	○○○○○○○
○月○日	親睦会
○月○日	○○○○○○○○
○月○日	○○○○○○

活動状況
◆総会・定例会の開催
◆機関紙○○の発行（年２回）
◆チャリティバザー開催
◆寺の諸行事への支援

親睦活動
◆春秋の親睦ゴルフ大会
◆法話会開催時に合わせて囲碁将棋会
◆組や地教区行事への参加

浄土真宗本願寺派 ○○寺 ○○市○○○町○○○○
電話 000-000-0000

P29-03

○○寺 仏教婦人会のご案内

○○寺仏教婦人会は、○○寺門徒で親鸞聖人のみ教えをいただく女性の集いです。年齢や職業など、それぞれ異なる私たちですが、みなさんとご一緒に仏前に向かって、合掌し、お念仏し、お聴聞をしますと、なぜか心が落ち着いて参ります。ときには、おしゃべりの交換会だったりしますが、さまざまな行事と活動をしています。
みなさんもご参加されませんか。お待ちしております。

○○寺仏教婦人会 代表 ●川●代

活動予定

平成○年度

1月1日	元旦会
○月○日	○○○○○○参加
○月○日	総会・記念講演会
○月○日	永代経法要
○月○日	日帰り研修旅行
○月○日	野点（○○寺境内）
○月○日	念仏奉仕団有志参加
○月○日	コーラス発表会
○月○日	○○○○参加

サークル活動
◆ コーラスグループ
発表会をめざして、月に２回の練習に励んでいます。思いっきり声をだすのは楽しいですよ。
◆ ヨガレッスン
○曜日の○時から本堂で開催しています。ヨガは美容と健康に効き目バツグンです！

念仏奉仕団
○月○日、１泊２日の日程で念仏奉仕団の一員として本山へお参りいたしました。

浄土真宗本願寺派 ○○寺 ○○市○○○町○○○○
電話 000-000-0000

P29-04

○○寺 こども会・仏教壮年会・仏教婦人会
入会申込書 平成○年○月○日

こども会	□ こども会に入会します（入会ご希望の方は✓をご記入ください） 本人のお名前 本人の住所・☎ 生年月日 学校および学年 保護者のお名前 保護者の住所・☎ （本人の住所と異なる場合はご記入ください） 年会費○○円を添えて、申し込みます 保護者のお名前 印
仏教壮年会	□ 仏教壮年会に入会します（入会ご希望の方は✓をご記入ください） 本人のお名前 本人の住所・☎ 生年月日（随意） 年会費○○円を添えて、申し込みます お名前 印
仏教婦人会	□ 仏教婦人会に入会します（入会ご希望の方は✓をご記入ください） 本人のお名前 本人の住所・☎ 生年月日（随意） 年会費○○円を添えて、申し込みます お名前 印

※お申し込みの方の個人情報は秘密厳守いたします。また、個人情報の取り扱いには厳重な注意を払い、保護しております。

お問い合わせはお気軽に
浄土真宗本願寺派 ○○寺 ○○市○○○町○○○○
電話 000-000-0000

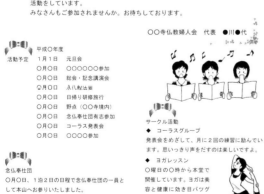

P30-01

降誕会　茶会へのお誘い

お問い合わせは〇〇寺
☎〇〇〇-〇〇〇-〇〇〇〇

親鸞聖人のご誕生を祝う降誕会《ごうたんえ》

宗祖親鸞聖人のご誕生をお祝いし、その教えとの出会いに感謝して、降誕会の法要を行います。

親鸞聖人は今から約八百年前、平安時代末期の不安定な世情の時代にお生まれになりました。争乱に加えて、天災や飢餓が多発し、人々の心は明日をも知れぬ不安でいっぱいでした。そのような混迷の時代に親鸞聖人は、すべての人々が本当に幸せになれる教えを九十年のご生涯をかけて伝え広めていかれました。

例年、本山・西本願寺においては五月二十～二十一日にお勤めをされますので、〇〇寺においては、本年は五月〇日にお勤めをいたします。親鸞聖人のご生誕とご遺徳を偲ぶ催しなので、なごやかに、ご一緒にお勤めさせていただきたいと存じます。

どうぞご家族お誘いあわせのうえ、お参りくださいますようにご案内を申し上げます。

合掌

浄土真宗本願寺派　〇〇寺
〇〇市〇〇町〇〇〇

◆とき　平成〇年五月〇日（〇）
午前〇時～〇時（予定）
午後〇時～〇時（予定）

◆ところ　〇〇寺　本堂

◆日程
・お勤め
『正信念仏偈（草譜）』
・法話／〇〇先生
親鸞聖人のお言葉の意味をわかりやすくお話してくださいます。

◆お茶会
降誕会参拝の後、茶道の心を味わいながら、ゆったりとしたひとときをお過ごしいただければと、ご案内申し上げます。ご来席をお待ちしております。

P30-02

年末・年始もお念仏とともに

年末年始は●●寺の除夜会と元旦会へお越しください

●●寺では、毎年十二月三十一日の午後十一時から本堂でご参拝くださった方々と「讃仏偈」をお勤めいたします。

その後、元旦会は午前七時より「正信偈」・和讃のお勤めを行います。お勤めのあとには、おぜんざいをいただきます。

ぜひ、年末・年始はご家族揃って●●寺へご参拝ください。

◆除夜会
・とき　平成〇年十二月三十一日
午後十一時より
・ところ　●●寺　本堂
・おつとめ「正信偈」・和讃

◆元旦会
・とき　平成〇年一月一日
午前七時より
・ところ　●●寺　本堂
・おつとめ「正信偈」・和讃

◆除夜の鐘によせて

除夜会は大みそかの夜、一年の行事のしめくくりとして勤められます。仏前で過ぎし一年をふり返りながら、反省と感謝の念で阿弥陀如来の恩徳を聞かせていただきましょう。

元旦会は新年を迎え、真実のみ教えに生かされる身のしあわせを喜び、念仏もろともに報恩の生活の第一歩をふみだす法要です。

私たちはみな、移り変わる世の中に生を受け、その人生は苦難の連続ですが、常に足もとを照らして導いてくださる阿弥陀仏さまと無常の世界を力強く進んでいけることほど、ありがたいことはありません。まず阿弥陀さまへご挨拶をさせていただき、新しい年をスタートさせましょう。

浄土真宗本願寺派
●●寺
〇〇市△△町〇〇
☎〇〇〇-〇〇〇-〇〇〇〇

法要・行事案内　B5　文字縦組／ハガキ４種

P31-01

お忘れではありませんか？

年忌法要

年忌法要は、いつお勤めするのでしょう。

まず、亡くなって一年後に勤める法事が一周忌です。また、亡くなった年を一年目として数えますので、二年後が三回忌となります。次に勤めるのが、六年後にあたる七回忌です。以後、十三回忌、十七回忌・・・と下記の表のようになります。

法事は仏事ともいいます。意味するところは、縁ある人びとが集まってともに仏さまを敬い、その教えを聞き、僧侶を迎えて仏道を実践していく行事のことです。浄土真宗でいえば、阿弥陀仏を敬い讃えて、その本願のはたらきであるお念仏のいわれを聞き、お念仏の人生を歩むことを確認し合う集いといえましょうか。

実際に私たちが行う法事といえば、亡き人の命日をご縁に勤める年忌法要（年回法要）を思いつかれることでしょう。もちろん、葬儀も満中陰も仏法の集いですから、法事です。

この法事は亡き人をご縁に勤めることから、「亡き人のために」行う、いわゆる「追善供養」と思われがちです。すなわち、亡き人のために私たちが法事を勤めて善を積み、その功徳を亡き人に振り分けて、死後の世界で少しでもよいところに生まれてもらおうという考え方です。

しかし浄土真宗においては、こうした「追善供養」は行いません。浄土真宗の教えでは、亡き人は阿弥陀仏の救いによってすでに浄土に生まれ、仏さまになっておられます。ということは、こちらから善を振り向ける必要はないのです。法事はあくまで、参拝者一人ひとりの「私のために」勤められる仏教行事なのです。

仏さまとなられた亡き人を偲ぶとき、亡き人は私たちに「いつでもどこでもどんなことがあっても、けっして見放されない阿弥陀さまを依りどころにして、人生を歩みましょう。そして、私のいる浄土に生まれて、再び会いましょう」と願われていることでしょう。その願いを聞くのが年忌法要の大切な点です。

また法事を勤めるのは、本来はやはり祥月命日かその前日の逮夜に勤めるのが望ましいです。やむを得ず日を変えなければならないときは、命日からあまり離れない日を選びましょう。

○○寺　住職

年忌法要	
初七日	命日も含めて7日目
四十九日	49日目
一周忌	命日から満1年目
三回忌	命日から満2年目
七回忌	命日から満6年目
十三回忌	命日から満12年目
十七回忌	命日から満16年目
二十三回忌	命日から満22年目
二十五回忌	命日から満24年目
二十七回忌	命日から満26年目
三十三回忌	命日から満32年目
五十回忌	命日から満49年目
百回忌	命日から満99年目

※地方によっては二十五回忌を、二十三回忌と二十七回忌に分けて行う場合もあります。

●お問い合わせ
浄土真宗本願寺派　○○寺
〒○○○-○○○○
○○市△△町○○
☎○○○-○○○-○○○○

P31-02

法話会のお知らせ

ほっとひと休み

○○寺では、どなたでも無料で参加できる〝法話会〟を毎月1回開いています。当山住職の他に近隣のご寺院からも僧侶を招き、講師をお勤めいただきます。仏さまのお話を聞きながら、心が落ち着く〝ほっとひと休み〟の時間をお過ごしになりませんか。お会いできるのを楽しみにお待ちしております。

※事前の予約などは一切不要ですので、左記の日時までにおこしください。

合掌

日時　○年○月○日（○）○○時より

浄土真宗本願寺派　○○寺
〒○○○-○○○○
○○市△△町○○
☎○○○-○○○-○○○○
●お問い合わせはお気軽にどうぞ

P31-03

盂蘭盆会のご案内

拝啓　猛暑の折、皆様方はいかがお過ごしでしょうか。盂蘭盆会を下記のとおりにお勤めいたしますので、ご参拝いただきたくご案内を申し上げます。

敬具

記

日時：平成○年○月○日
第1回　午○○時より
第2回　午○○時より
講師：○○○○氏（□□寺□□）

◆○月○日○時より寺の掃除を行いますので、お手伝いをしていただける方はご一報ください。

◆○○線○○駅より送迎バスを運行いたしますのでご利用ください。
運行時間：○時○分より、○時○分まで運行いたします。

送迎バス運行

浄土真宗本願寺派　○○寺
〒123-4567 ○○市△△町1-2-3
電話 000-000-0000

P31-04

○○寺 成人式

新成人のみなさま、おめでとうございます。
親鸞聖人のみ教えを聞いて 20 歳になられた新成人をお祝いし、○○寺では成人式を執り行います。阿弥陀如来の御前に奉告し、み教えに問い聞きながら、大きな希望を持って確かな一歩を踏みだしていく成人式。ご家族とともにぜひご参加ください。

XX 年度　成人式のご案内

日時　平成○年○月○日　○○時～
場所　○○寺本堂

◆○○線○○駅より送迎バスを運行いたしますのでご利用ください。
◆運行時間：午前○時○分より、午後○時○分まで運行いたします。

浄土真宗本願寺派　○○寺
〒123-4567 ○○市△△町1-2-3
電話 000-000-0000

P31-05

秋季彼岸会

秋の野に　咲きたる花を指折り　かき数ふれば　七種の花

詠み手は山上憶良（やまのうえのおくら）ですが、咲き乱れる秋の花の風情が伝わってまいります。彼岸が近づいて参りましたが、皆さま方はいかがお過ごしでしょうか。

太陽が真東から昇り真西に沈み、この時期は1年中でいちばん過ごしやすいといわれています。ご先祖様や亡くなられた方々を偲びつつ、みほとけのご縁に遇わせていただきましょう。

○○寺ではお彼岸の法要を下記のとおりにお勤めいたしますので、どうぞお繰り合わせのうえ、ご参拝いただきたくご案内を申し上げます。

記

日　時：平成○年○月○○日
○○時より
お勤め：仏説阿弥陀経

◆お問い合せは
浄土真宗本願寺派　○○寺
〒123-4567 ○○市△△町1-2-3
電話 000-000-0000

P32-01

〇〇寺〇〇〇〇幼稚園　　第〇〇号　〇〇年〇〇月

園だより

今月は楽しい行事がたくさん！

暑くもなく寒くもなく、10 月は 1 年のなかで一番過ごしやすい季節だと思います。今月は運動会、遠足、お芋掘りと楽しい行事が続きます。園でも園児たちの体調に気を配っていますが、お家でも十分に休息と睡眠をとり、健康管理に注意してください。

10 月〇日は運動会です！

10 月〇日に運動会を開催いたします。園では「みんながんばる楽しい運動会」を目標に、子どもたちは毎日練習しています。走るのが速い子がいれば、遅い子もいる。先生のマイクを借りてパフォーマンスする子がいるかと思うと、隅っこでじっと見ているのが好きな子もいます。一人ひとりの顔が違うように、長所も短所も人それぞれなのです。長所を伸ばして、短所を正していくのにぴったりなのが運動会の練習です。練習の過程で育まれていく仲間意識や忍耐力、成し遂げたときの達成感や充実感などが、子どもたちにとって大きな財産になっていくと信じています。

練習を重ねた大玉ころがしやダンスもとても上手になりました。かけっこに燃えている子もいます。みんなで一生懸命頑張っている姿、あふれる笑顔に、どうぞ保護者の方々の大きな拍手と声援をかけてあげてください。お誘いあわせて、ぜひご来園ください。

1

〇〇寺〇〇〇〇幼稚園　園だより　　第〇〇号　〇〇年〇〇月

〈園からのお知らせです〉

●10 月〇日の遠足は
〇〇水族館に行きます！

子どもたちは「ラッコが見たい！」、「ペンギンって空を飛ぶんだよ」と楽しみにしています。広場では「ドングリひろい」ができそうです。袋いっぱい集まったら、みんなでドングリを使って何か作ろうと考えています。

●10 月〇日にお月見会を開きます

おいしい月見ダンゴを用意いたします。

●10 月〇日から制服が合服になります

◆運動会までは体操服での登園となりますが、体調や気候の変化により、スモックを着用してもかまいません。

◆10 月〇日からは衣替えで合服になりますので、長袖ブラウスにスカート・ズボンで通園させてください。

◆体操着やショートパンツ、スモックなどは毎日持たせてください。

◆すべての持ち物に名前を記入してください。

〈10 月の行事予定です〉

今月は行事がたくさんありますので、私たちも楽しみにしています。おうちでも園での出来ごとをいっぱい聞いてあげてくださいね。運動会はぜひご参加ください。
みんな、待ってますよ！

10 月の行事表

10 月 1 日（〇）	願書受付
10 月〇日（〇）	運動会リハーサル
10 月〇日（〇）	運動会
10 月〇日（〇）	お月見
10 月〇日（〇）	制服の衣替え
10 月〇日（〇）	お芋掘り（全園児）
10 月〇日（〇）	秋の遠足
10 月〇日（〇）	誕生会
10 月〇日（〇）	願書受付しめきり

2

〇〇寺〇〇〇〇幼稚園　園だより　　第〇〇号　〇〇年〇〇月

たくさん経験しました！　9 月の報告

みんなとっても楽しそう！

●敬老会の催しに参加

9 月〇日、地域の敬老会の催しに参加しました。お年寄りの似顔絵を描いてプレゼントして、その後、みんなで楽器の演奏を披露して、大変喜ばれました。帰り際に、手作りの「竹トンボ」と「お手玉」をいただき、とても楽しい時間を過ごしました。今年も世代を超えた交流会は大成功！

●できました♪

本堂でのお勤めのときにみんなで着るおそろいのガウンを新調しました。毎月 16 日の親鸞聖人の御命日には、これを着てお勤めします。9 月 16 日にはみんな、あらたまった気持ちでお勤めできました。

♪♪♪♪♪♪♪♪♪♪

●11 月の作品展に向けて

作品展に向けての制作がもうすぐ始まります。ご家庭で不用のペットボトル、牛乳パック、厚紙、包装紙、紙箱、空きビン、布、毛糸、ボタン、木切れ、プラのトレーなどがありましたら、お持たせください。よろしくお願いします。

●跳べるかな？

とび箱に夢中です。雨が降って外で遊べないときは、カラフルなとび箱が大人気です。4 段積んでも高さは 60 センチ程度しかありませんが、子どもたちは着地のときに体操選手みたいにポーズを決めて喜んでいます。遊びながら体力向上、私たち大人も見習いたいものです。

3

〇〇寺〇〇〇〇幼稚園　園だより　　第〇〇号　〇〇年〇〇月

9 月　おたんじょうびおめでとう！

◆9 月のおたんじょうかい◆

おたんじょうかいは、「おおきなかぶ」のペープサートをみんなで観ました。ペープサートづくりは年長さんが手伝ってくれました。とってもおもしろかったですよ。

A 組	A 組	A 組
★★★★さん	★★★★さん	★★★★さん

A 組	B 組	B 組	B 組	C 組	C 組
★★★★さん	★★★★さん	★★★★さん	★★★★さん	★★★★さん	★★★★さん

◆体育あそび◆

9 月の体育あそびは、10 月の運動会にむけての体力づくりを兼ねて、縄跳びとミニマラソンに挑戦しました。逆上がりや横回りなど、ふうふう言いながら頑張りましたよー。

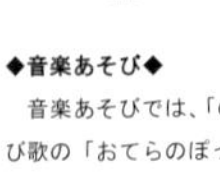

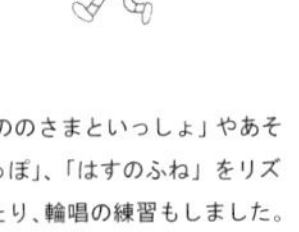

◆音楽あそび◆

音楽あそびでは、「ののさまといっしょ」やあそび歌の「おてらのぽっぽ」、「はすのふね」をリズムを取りながら歌ったり、輪唱の練習もしました。おうちでも聴いてくださいね。とっても上手になりました。

園長のひとりごと

年長組さんと一週間に一回、お稽古の時間を持ってきたお茶のお点前、11 月の披露に向けて、今月からお抹茶を点てる練習に入りました。お友達の点てたお茶をいただく練習も同時にするので、お菓子も用意します。いつもおやつの時間にいただくお菓子とはちょっと違う和菓子、口に含んだ時の子どもたちの嬉しそうな顔を見ることが楽しみの一つです。私の茶道の恩師が、今、私が子どもたちに教えていることをきっと喜んでくださっていると思うと、目の前にいる子どもたちが、愛しく思えてなりません。保護者の皆さまへのご披露まであと少し、子どもたちのすてきな姿が皆さまの心にのこるよう、力を注いでいこうと思います。

4

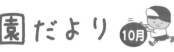

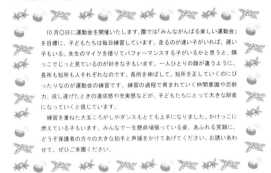

P33-01

○○寺付属○○○○○幼稚園

第○○号

園だより

○○年○○月発行

6月の行事のご報告

チック・タックの時計をつくったよ！

6月10日は「時の記念日」なので時計を作りました。

「ゆり組」は大きなドングリの形をした時計をみんなで力をあわせて完成させました。初めてハサミを使うお子さんもいて、文字盤の数字をきれいに切り抜くのが大変で、何回もやり直しました。でき上がって、柱に貼られた時計を見ながら、みんなで拍手しながらドングリころころを歌いました。楽しそうでしたよ。

「ばら組」は、花をモチーフにした「花時計」を作りました。厚紙に色紙を貼って、花の形を作ってから、数字を書き入れました。「やだぁ、曲がっちゃった」「8っておダンゴみたい」など、にぎやかなこと！　お家に持って帰りましたが、「上手にできたわね」と声をかけてくださいましたか。

保護者参観日

6月○日、朝から元気いっぱいでお父さんやお母さんと手をつないで登園してきた子どもたち。先生の質問にもいつもより大きな声で「ハーイ」と手をあげます。参観日のイベントは、お父さんやお母さんの似顔絵に言葉を添えながら、それぞれの親に渡す「ありがとう」の行事です。「お父さん、休みの日はもっとボクと遊んでください」や「怒らないおかあさんのほうがもっと好きです」など、子どもたちの本音に保護者はタジタジでした。

その後、園庭で「みんなでホイ大会」を行いました。これは「あっち向いてホイ」と同じゲームですが、勝ち抜き戦なので、相手は次々に変わっていきます。「パパー、がんばれー」の声援もむなしく、今年の勝者はばら組の○○さんでした。最後に「♪すてきなパパ」を全員で歌いました。

ご参加いただいた保護者の皆さま、ありがとうございました。

7月からプールあそびが始まります（園からのお願い）

◆汗をかきやすい時期なので、毎日の入浴やシャワーをしっかり行い、清潔を保つようにしてください。

◆体調の悪い日は無理せず見学しましょう。

◆水着や制服の着脱は自分でできるように練習しましょう。

◆すべての持ち物に名前を記入してください。特にプールバッグ、タオル、ビニールの袋は目立つところに大きく書いてください。パンツやシャツの下着にも忘れずに記名してください。

◆耳そうじをし、手足の爪きりをしておいてください。

◆女児はヘアピンや髪飾りはやめて、髪が長い場合はゴムで結んでください。

1

○○寺付属○○○○○幼稚園

7月の行事案内

●夏まつり●

7月○日は夏まつり！

もうすぐ夏まつりです。みんな楽しそうに準備をしていますよ。年少さんはポスターや招待状を作っていて、年長さんは教室の飾りやちょうちんにチャレンジしています。

みんなが楽しみにしているゲームは、ペットボトルを使った「ボーリング」や「魚釣り」を用意しています。手描きの魚にクリップをつけて磁石がついた竿で釣ります。うっかり怪獣を釣ったら負けです。

夏まつりとあわせて、保護者の方々の作品を展示販売する「手作りバザー」や模擬店も出店します。お手伝いをお願いできる方は役員さんか園までご連絡ください。今年も元気いっぱいの夏まつりにしようと子どもたちは大はりきりです。ご協力をお願いします。

当日はご家族お揃いでおいでください。お待ちしています！

●お泊まり保育●

7月○日は「お泊まり保育」の日です。

朝はみんなで○○公園までハイキングします。昼食は○○公園でバーベキューの予定です。ここでお願いですが、もしお手伝いできる方がいらっしゃいましたら、役員さんまでご連絡ください。よろしくお願いします。

たっぷり遊んで、園に戻ってきて、園長の法話のあとで夕食の精進料理をいただきます。

夜は園庭でキャンプファイヤーを囲んで、ゲームや花火大会、スイカ割りを行います。

毎年、お泊まり保育の後は、子どもたちがとっても仲良くなるみたいですよ。ぜひ、参加させてください。詳しいことは担任まで問い合せをお願いします。

★7月の行事予定表

1	○	
2	○	夏まつり
3	○	
4	○	
5	○	交通安全訓練
6	○	
7	○	
8	○	
9	○	
10	○	
11	○	お泊まり保育の日
12	○	
13	○	
14	○	
15	○	誕生会
16	○	
17	○	プールそうじ
18	○	
19	○	修了式

2

○○寺付属○○○○○幼稚園

◆音楽あそびは◆

年長さんはマリンバ・グロッケンなどいろいろな楽器に挑戦しています。最初はめちゃくちゃなメロディでどうなることやらと心配？しましたが、なかなかスゴイ！　ちゃんと曲になっています。11月の文化祭が楽しみです。

年少さんは「みんなでリズムがとれるかな？」のゲームをしながら、タイコがドンとなったらピタリと止まって、次のタイコで走り出す。ピアノの音でゴロンと寝転ぶ、そのようなあそびをやっています。みんなものすごく真剣です。今月はもっと上手になれるかな？

◆体育あそびは◆

プールが始まったら、プールで水あそびをします。水が怖い子、顔に水があたったら泣き出す子とさまざまですが、卒園までには水を怖がらない子に指導したいと思っています。

すでにスイミングスクールに通っているお子さんはスイスイ泳げますので、スイミングキャップを色分けして指導しています。

◆初心者は黄色のスイミングキャップ。

◆水に顔をつけられれば赤のキャップ。

◆泳げる子は青のスイミングキャップ。

でも、おうちではキャップの色にこだわらないでくださいね。プールあそびで水とあそぶのが楽しい！と思ってくれることがいちばんなのです。

◆英語あそびは◆

英語あそびはネイティブの先生を招いて、週一回ですが、身近な名詞から学び始めて、すっかり上達しました。

おかし（キャンディーやチョコレート、クッキー、ケーキなど）の絵を見せて、それを英語では何と言うのでしょう？からスタートしましたが、今月は挨拶まで進んでいます。

発音もまるで外国人のようにできるようになりました。だからこどもたちが英語の唄を歌うと、多分驚かれると思います。文化祭では必ずご披露いたしますので、お楽しみにしてください。

☆

3

○○寺付属○○○○○幼稚園

★登園するとき

登園時は必ず制帽（夏は指定の麦わら帽子、冬はフェルト帽）をかぶって来てください。

特に指定のない限り、体操着で登園する日（木・金）も体育帽ではなく、制帽で登園してください。ただし、雨の日は帽子はいりません。

最近少し乱れてきましたので、保護者のみなさま、よろしくお願いします。

★7月生まれのお友だち　おたんじょうび、おめでとう！

A組　★★★★さん　　A組　★★★★さん　　A組　★★★★さん　　A組　★★★★さん

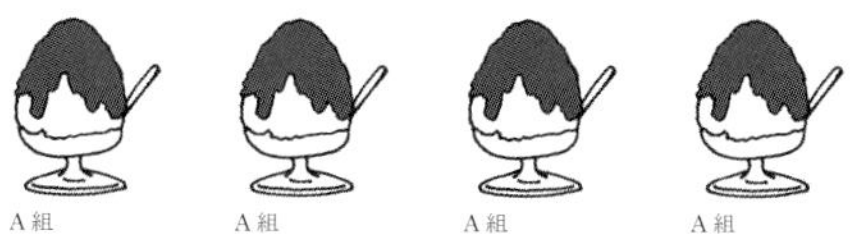

A組　★★★★さん　　A組　★★★★さん　　A組　★★★★さん　　A組　★★★★さん

★もうすぐ一学期が終わりそう★

ちょっぴり緊張しながら幼稚園の門をくぐった日から約4ヵ月経ちました。新しいお友だちもできて、たくさん学んで、たくさん遊んで、少しずつお兄さん、お姉さんの顔になってきました。おうち以外の場所でみんなと楽しくすごすために、我慢することも学びました。

みんなの前で自分の意見を言えるようになりました。難しいことに挑戦することもおぼえました。みんなと協力して、ひとつのことを成し遂げることもできるようになりました。

たった4ヵ月間なのに、ずいぶんとこどもたちは成長しました。これから夏休みに入りますが、ケガや病気などしないように、楽しくお過ごしくださいね。

二学期になって、元気なみんなに会えるのを楽しみにしています

うちわを作っています！

うちわに何を描くかは自由です。みんな好きな絵を描いています。雪ダルマを描いて「涼しそうでしょ」と自慢する子。ご家族のものも作っています。お楽しみにしてくださいね。

4

○○寺　恒例法要と行事のご案内

○○寺の年間のお勤めをご案内いたします。
恒例法要や行事のほかに「初参式」、「年忌法要」、「御入仏法要」などの法要はお気軽にご相談いただければと存じます。
また、定期的に「法座」を開いておりますので、ぜひお越しください。
本寺にご縁のない方も大歓迎いたします。ちょっと阿弥陀さまとお話しになって、温かいお気持ちでお帰りいただければ幸いです。

1月1日	修正会・元旦会	・元日の朝、新年をお迎えする法要
1月●日～●日	報恩講（ほうおんこう）	・宗祖 親鸞聖人に対する報恩謝徳法要
1月上～中旬	成人式	・新成人の方は、無料でご参加いただけます
3月　春分の日を中心に7日間	春季彼岸会	
3月～4月	春の永代経法要	
4月8日	花まつり（灌仏会）	・楽しい催しをご用意しています
5月○日	宗祖降誕会（ごうたんえ）	・親鸞聖人のご誕生をお祝いいたします
8月12日～15日	盂蘭盆会（うらぼんえ）	
9月　秋分の日を中心に7日間	秋季彼岸会	
9月～10月	秋の永代経法要	
12月上旬	成道会（じょうどうえ）	
12月31日	除夜会（じょやえ）	

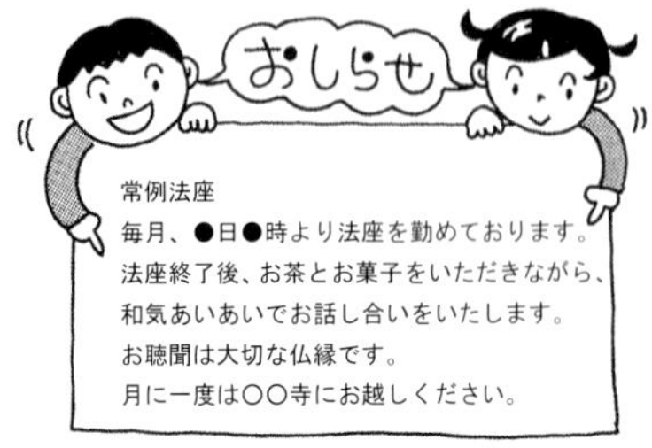

常例法座
毎月、●日●時より法座を勤めております。
法座終了後、お茶とお菓子をいただきながら、
和気あいあいでお話し合いをいたします。
お聴聞は大切な仏縁です。
月に一度は○○寺にお越しください。

お気軽にお問い合わせください

浄土真宗本願寺派
○○寺

○○市○○○町○○○○○
電話 000-000-0000

P34-01

○○寺の法要と行事のご案内

浄土真宗本願寺派　○○寺

○○市○○町○○○
TEL 000-000-0000

1
1月1日
●修正会・元旦会
1月○日～○日
●報恩講（ほうおんこう）
1月上～中旬　●成人式

2

●○○○

3
3月～4月
●春の永代経法要
春分の日を中心に7日間
●春季彼岸会

4
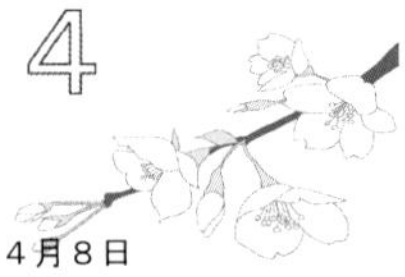
4月8日
●花まつり（灌仏会）

5

5月○日
●宗祖降誕会（ごうたんえ）

6

●○○○

7
●○○会開催

8

8月12～15日
●盂蘭盆会（うらぼんえ）

9
●秋季彼岸会
秋分の日を中心に7日間
9月～10月
●秋の永代経法要

10
●○○○

11
●○○○

12
12月上旬
●成道会
12月31日
●除夜会（じょやえ）

P34-02

〈表〉

〈裏〉

P35-01

P35-02

P35-03

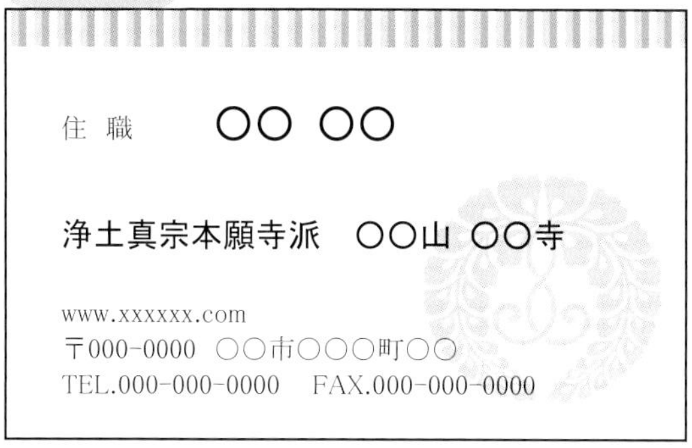

P35-04

P35-05

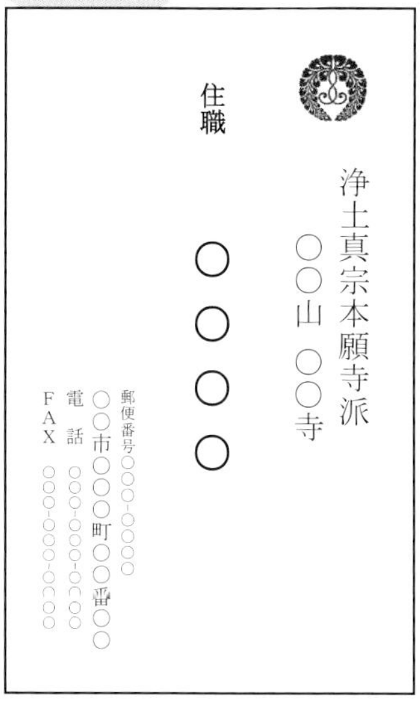

P35-06

P35-07

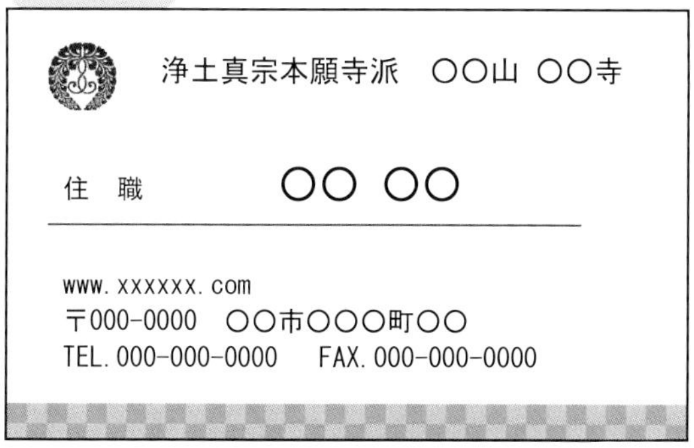

P35-08

※テンプレートは、A4 用紙に名刺が 10 枚入るレイアウトになります。(A4 × 4 種類)

春季彼岸会

P36-01

P36-02

P36-03

P36-04

P36-05

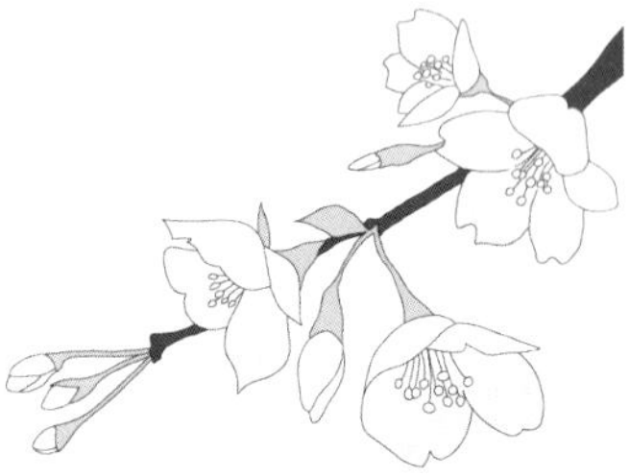

P36-06

P36-07

P36-08

P36-09

P36-10

P36-11

P36-12

P36-13

P36-14

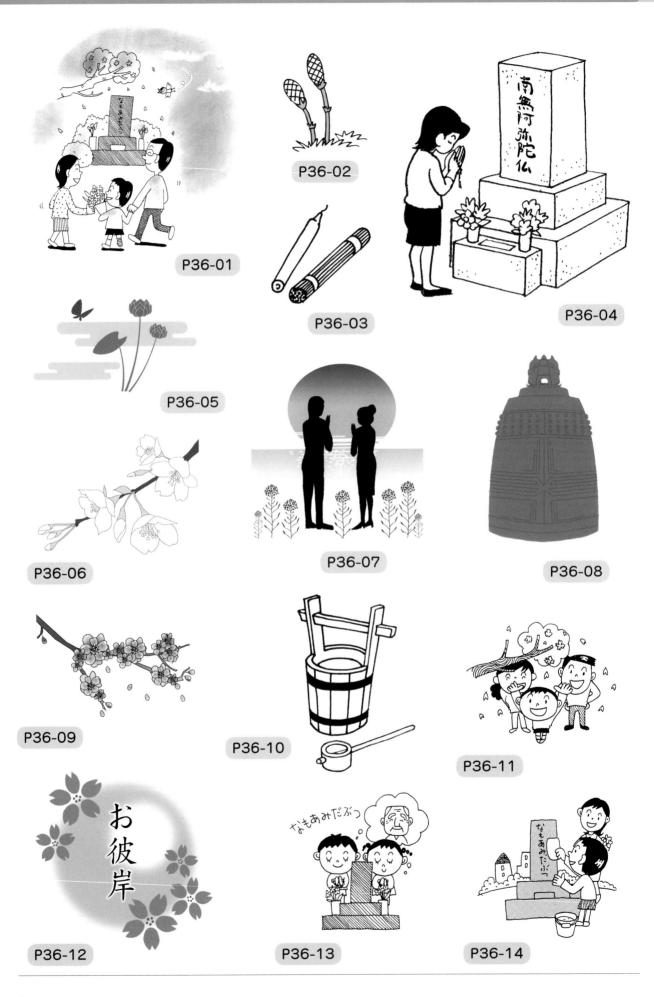

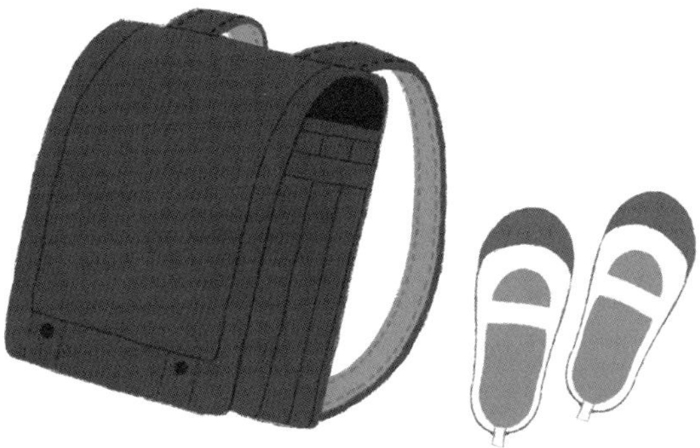

P37-01

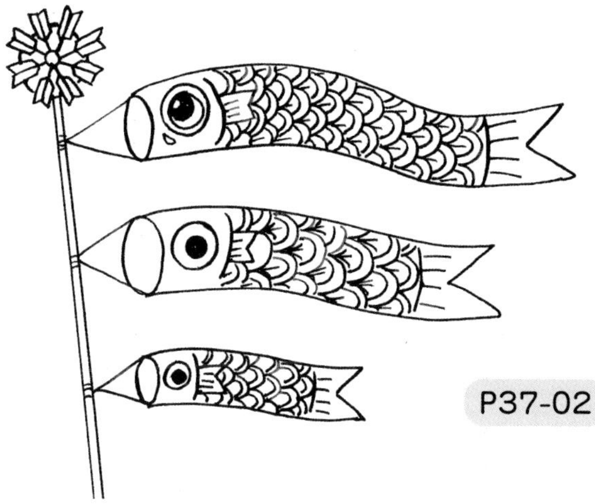

P37-02

P37-03

P37-04

P37-05

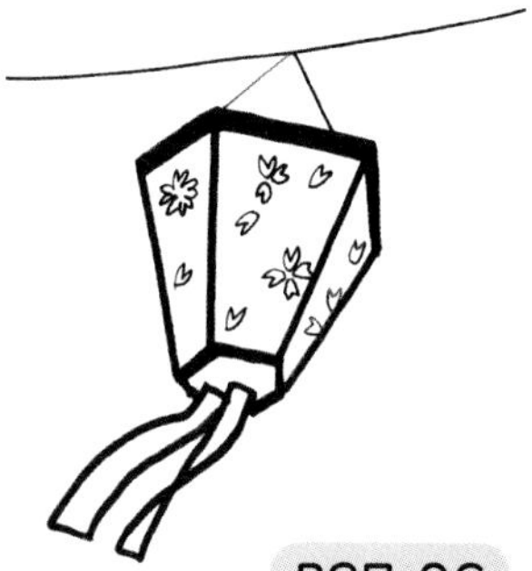

P37-06

P37-07

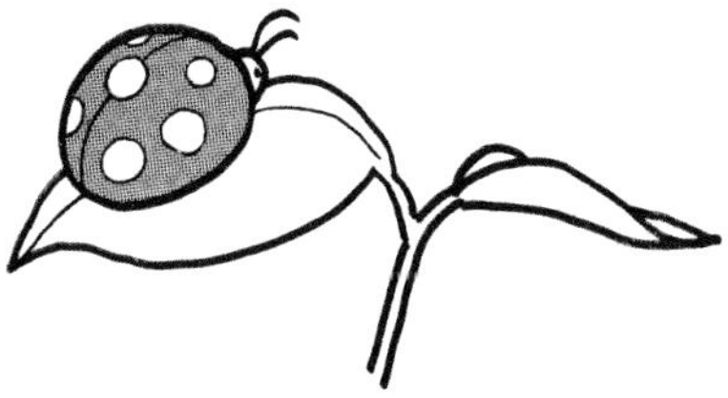

P37-08

P37-09

P37-10

P37-11

P37-12

P37-13

モノクロイラスト 灌仏会（花まつり）降誕会／初参式

P38-01

P38-02

P38-03

P38-04

P38-05

P38-06

P38-07

P38-08

P38-09

P38-10

P38-11

P38-12

P38-13

P39-01

P39-02

P39-03

P39-04

P39-05

P39-06

P39-07

P39-08

P39-09

P39-10

P39-11

P39-12

P39-13

お盆（盂蘭盆会）／盆踊り

P40-01

P40-02

P40-03

P40-04

P40-05

P40-06

P40-07

P40-08

P40-09

P40-10

P40-11

P40-12

P40-13

P40-14

P41-01

P41-02

P41-03

P41-04

P41-05

P41-06

P41-07

P41-08

P41-09

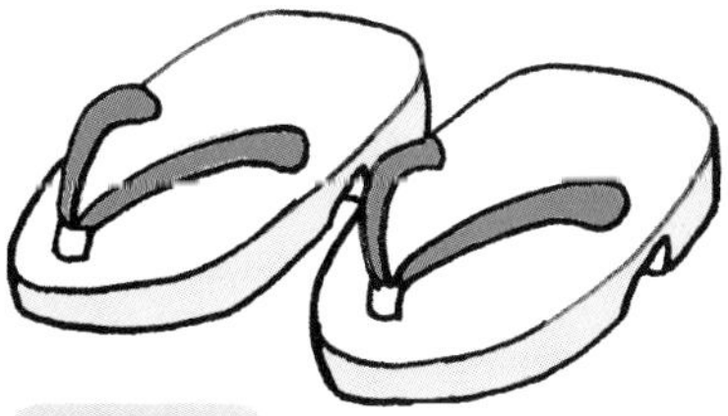

P41-10

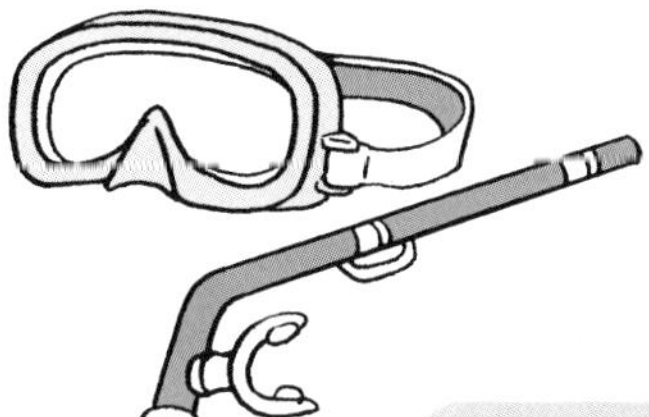

P41-11

P41-12

P41-13

P41-14

モノクロイラスト 秋季彼岸会

P42-01

P42-02

P42-03

P42-04

P42-05

P42-06

P42-07

P42-08

P42-09

P42-10

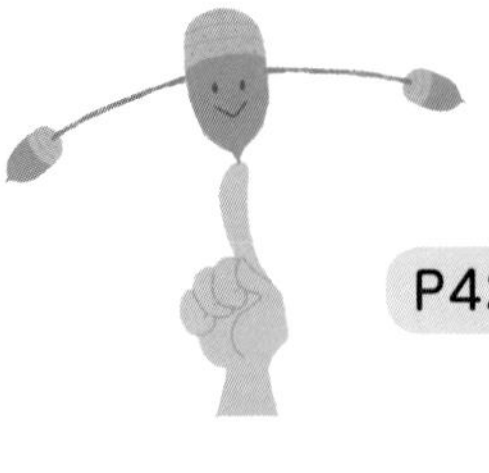

P42-11

P42-12

P42-13

P42-14

P42-15

P43-01

P43-02

P43-03

P43-04

P43-05

P43-06

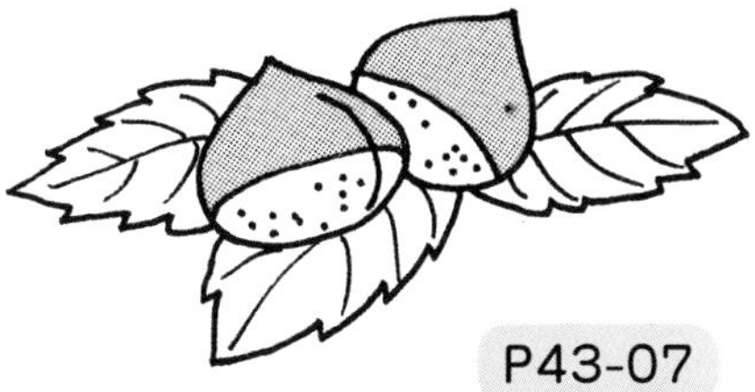

P43-07

P43-08

P43-09

P43-10

P43-11

P43-12

P43-13

P43-14

モノクロイラスト

報恩講

P44-01

P44-02

P44-03

P44-04

P44-05

P44-08

P44-06

P44-07

P44-09

P44-10

P44-11

P44-12

P45-01

P45-02

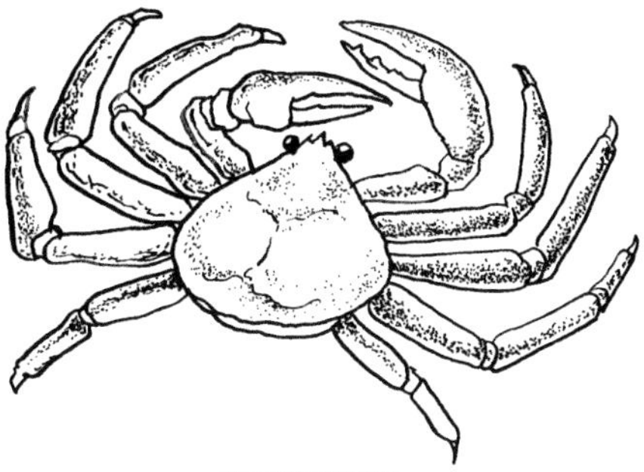

P45-03

P45-04

P45-05

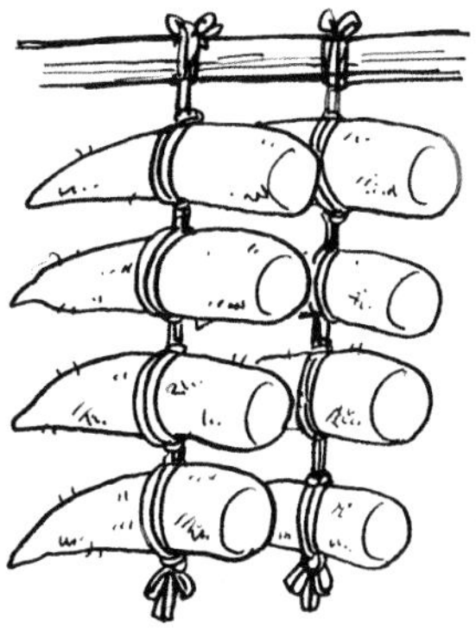

P45-06

P45-07

P45-08

P45-09

P45-10

P45-11

P45-12

P45-13

P45-14

P45-15

除夜会／修正会（元旦会）成人式

P46-01

P46-02

P46-03

P46-04

P46-05

P46-06

P46-07

P46-08

P46-09

P46-10

P46-11

P46-12

P46-13

P47-01

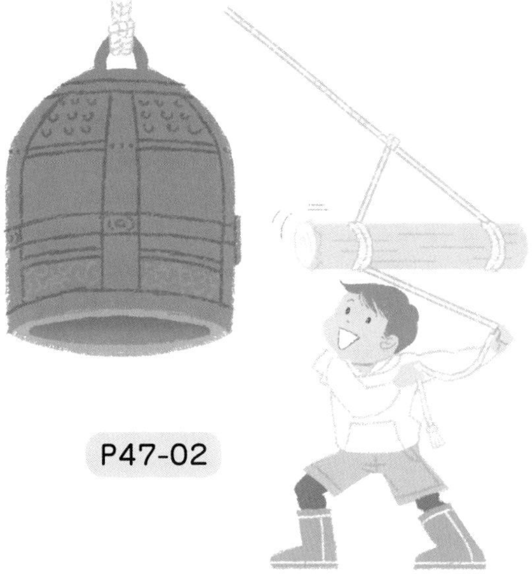

P47-02

P47-03

P47-04

P47-05

P47-06

P47-07

P47-08

P47-09

P47-10

P47-11

P47-12

P47-13

念仏奉仕団／団体参拝

P48-01

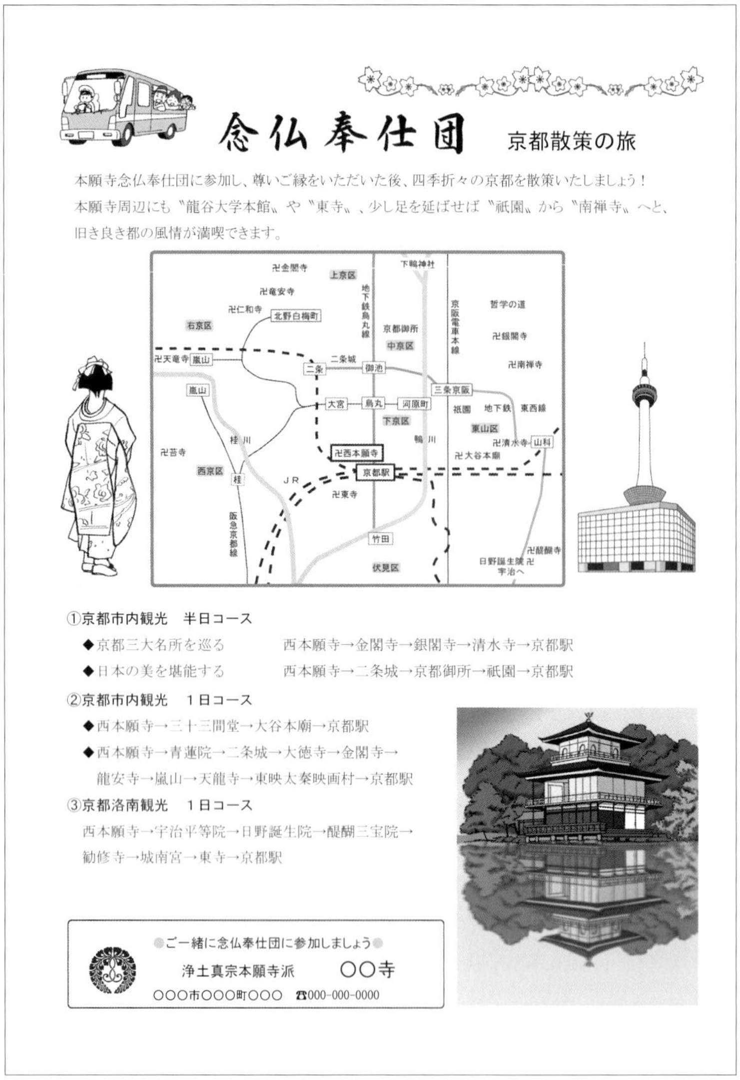

念仏奉仕団　京都散策の旅

本願寺念仏奉仕団に参加し、尊いご縁をいただいた後、四季折々の京都を散策いたしましょう！
本願寺周辺にも〝龍谷大学本館〟や〝東寺〟、少し足を延ばせば〝祇園〟から〝南禅寺〟へと、旧き良き都の風情が満喫できます。

①京都市内観光　半日コース
◆京都三大名所を巡る　西本願寺→金閣寺→銀閣寺→清水寺→京都駅
◆日本の美を堪能する　西本願寺→二条城→京都御所→祇園→京都駅

②京都市内観光　１日コース
◆西本願寺→三十三間堂→大谷本廟→京都駅
◆西本願寺→青蓮院→二条城→大徳寺→金閣寺→龍安寺→嵐山→天龍寺→東映太秦映画村→京都駅

③京都洛南観光　１日コース
西本願寺→宇治平等院→日野誕生院→醍醐三宝院→勧修寺→城南宮→東寺→京都駅

ご一緒に念仏奉仕団に参加しましょう
浄土真宗本願寺派　〇〇寺
〇〇〇市〇〇〇町〇〇〇　☎000-000-0000

※ P48-01 は「モノクロテンプレート」フォルダー内「念仏奉仕団／団体参拝」フォルダーにあります。

P48-02

P48-03

P48-04

P48-05

P48-06

P48-07

P49-01

P49-02

P49-03

P49-04

P49-05

P49-06

P49-07

P49-08

P49-11

P49-09

P49-10

P49-12

P49-13

P49-14

P49-15

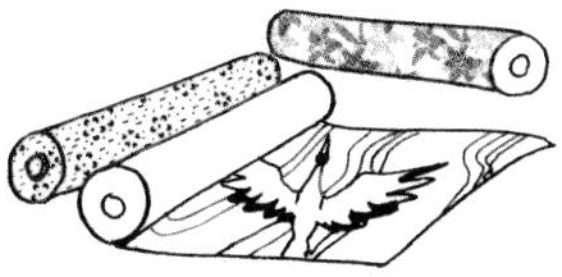

P49-16

P49-17

モノクロイラスト

起工式・上棟式・定礎式

起工式・上棟式 次第

一 一同着席
二 開式の辞
三 住職焼香
四 三奉請
五 勤行（讃仏偈）
六 合掌・礼拝
七 鍬入れ・挨拶・祝辞等
八 住職挨拶
九 閉式の辞
十 一同退席

P50-01

定礎式 次第

一 一同参集
二 開式の辞
三 合掌・礼拝
四 住職挨拶
五 定礎碑除幕
六 定礎文披露
七 祝辞
八 工事関係者代表謝辞
九 真宗宗歌
十 合掌・礼拝
十一 閉式の辞
十二 一同退席

P50-02

P50-03

P50-04

P50-05

P50-06

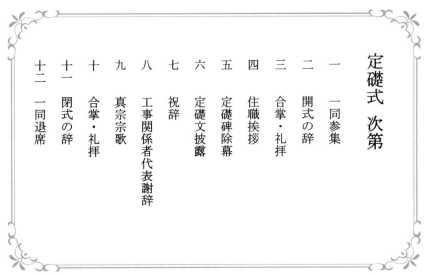

P51-01

P51-02

P51-03

P51-04

P51-05

P51-06

P51-07

P51-08

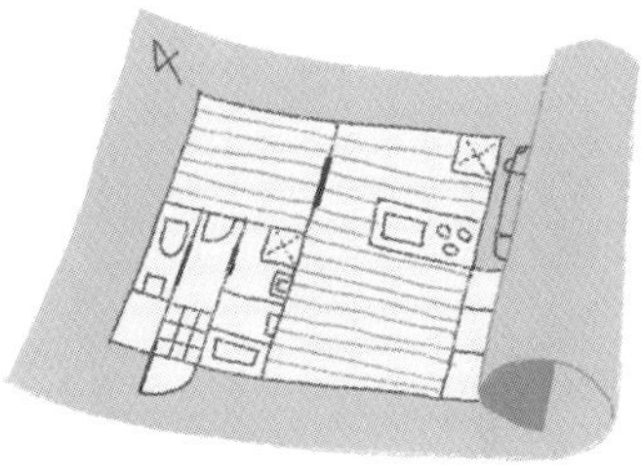

P51-09

P51-12

P51-10

P51-11

P51-13

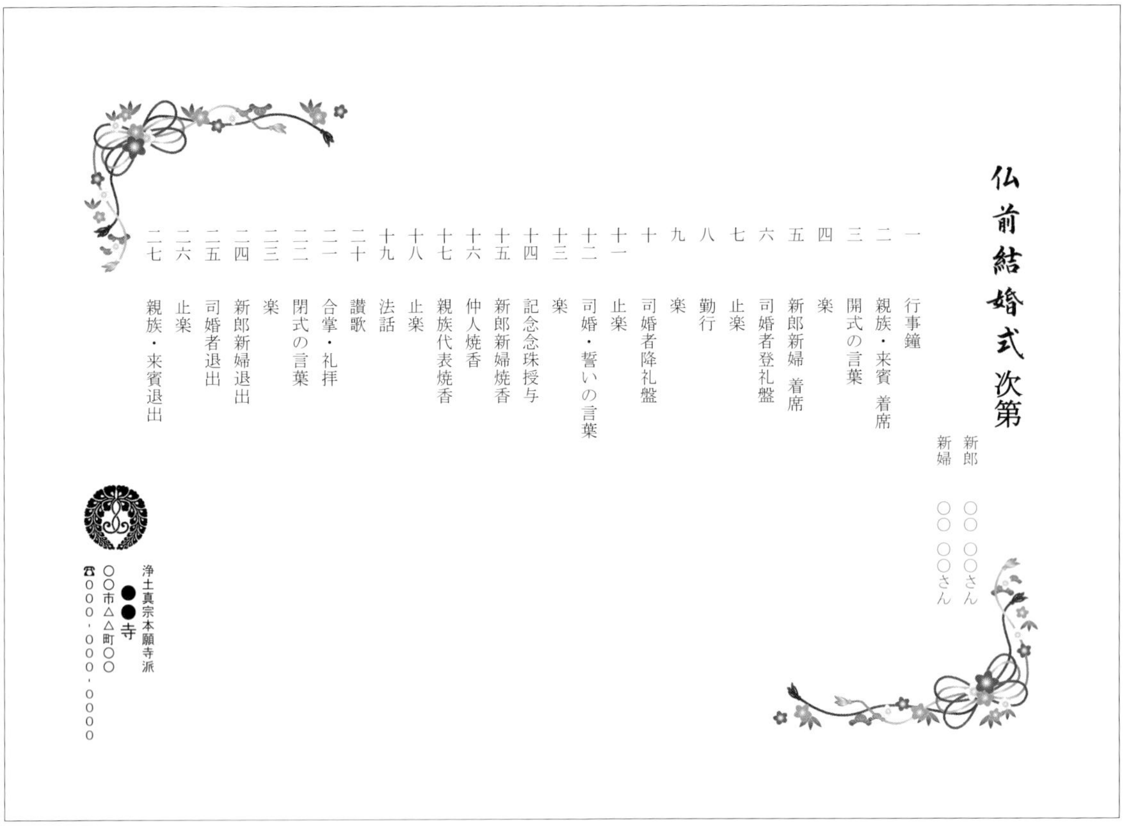

仏前結婚式次第

新郎 ○○ ○○さん
新婦 ○○ ○○さん

一 行事鐘
二 親族・来賓 着席
三 開式の言葉
四 楽
五 新郎新婦 着席
六 司婚者登礼盤
七 止楽
八 勤行
九 楽
十 司婚者降礼盤
十一 止楽
十二 司婚・誓いの言葉
十三 楽
十四 記念念珠授与
十五 新郎新婦焼香
十六 仲人焼香
十七 親族代表焼香
十八 止楽
十九 法話
二十 讃歌
二一 合掌・礼拝
二二 閉式の言葉
二三 楽
二四 新郎新婦退出
二五 司婚者退出
二六 止楽
二七 親族・来賓退出

浄土真宗本願寺派
●●寺
○○市△△町○○
☎○○○・○○○・○○○○

P52-01

P52-02

P52-03

P52-04

P52-05

P52-06

P52-07

P53-01

P53-02

P53-03

P53-04

P53-05

P53-06

P53-07

P53-08

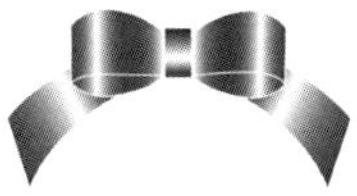

P53-09

P53-10

P53-11

P53-12

P53-13

P53-14

P53-15

P54-01

P54-02

P54-03

P54-04

P54-05

P54-06

P54-07

P54-08

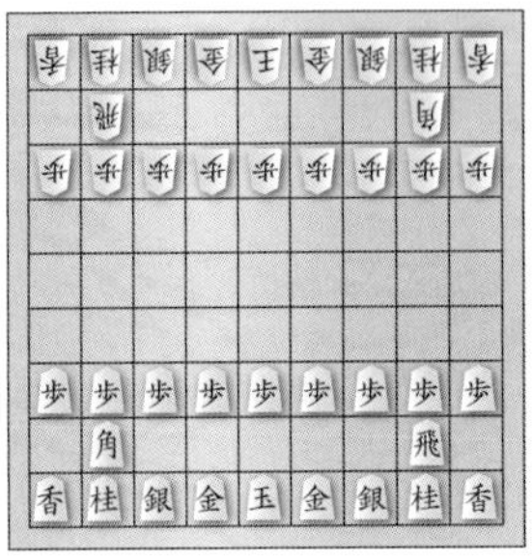

P54-09

P54-10

P54-11

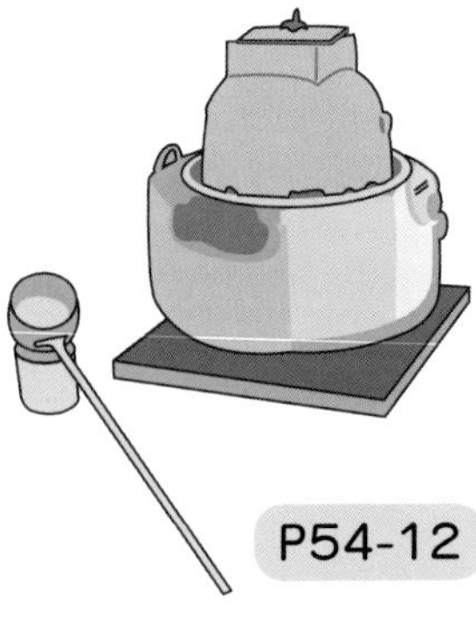

P54-12

P54-13

P54-14

P54-15

P55-01

P55-02

P55-03

P55-04

P55-05

P55-06

P55-07

P55-08

P55-09

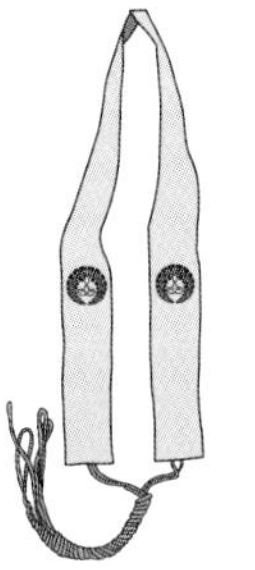
P55-10

P55-11

P55-12

P55-13

P55-14

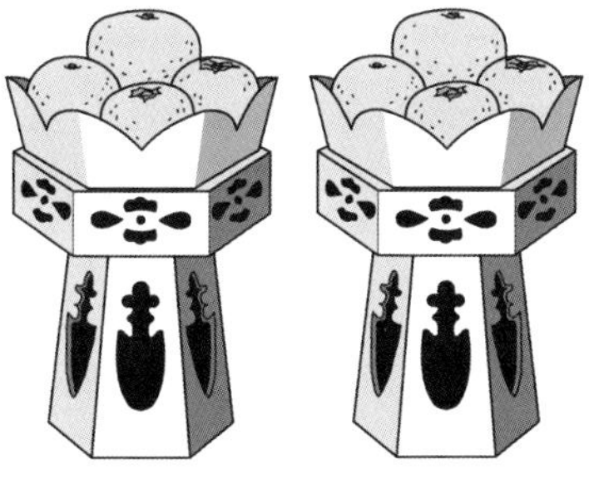
P55-15

P55-16

P55-17

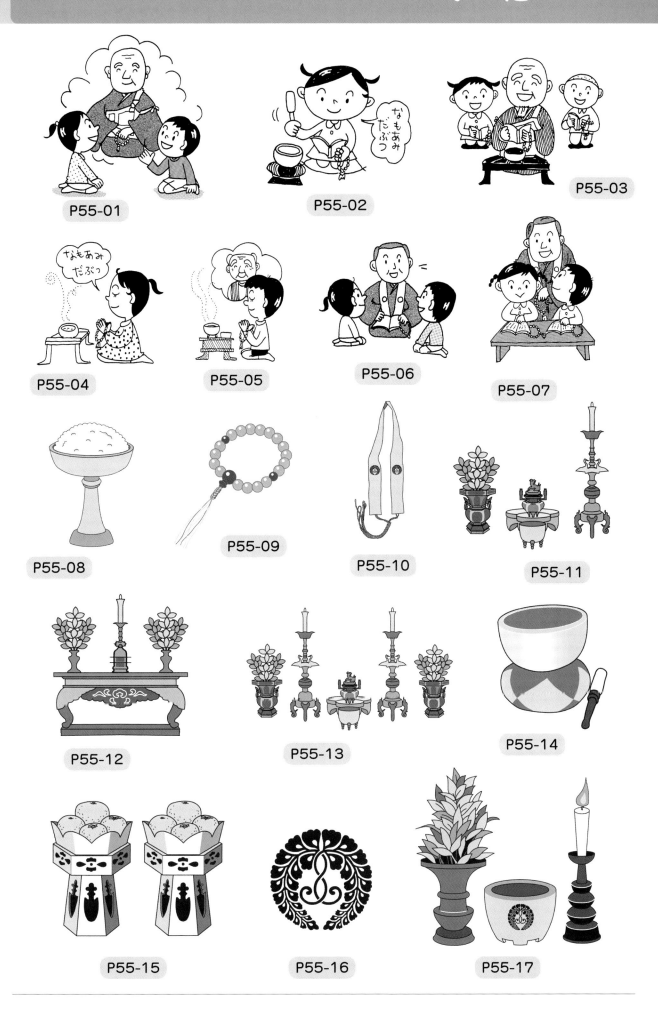

P56-01

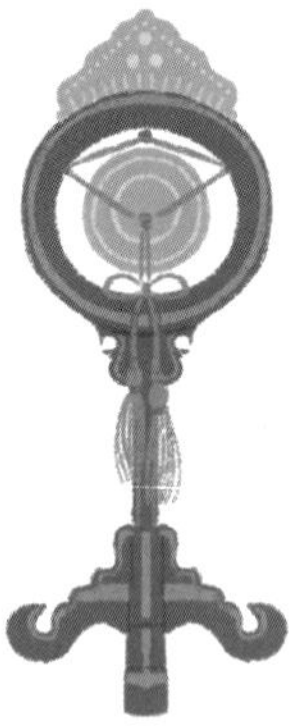

P56-02

P56-03

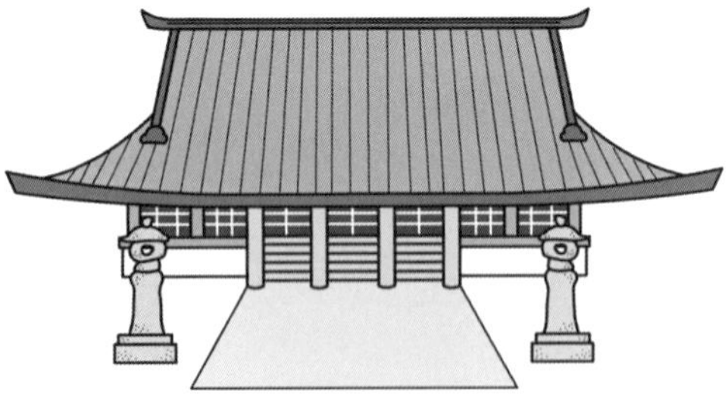

P56-04

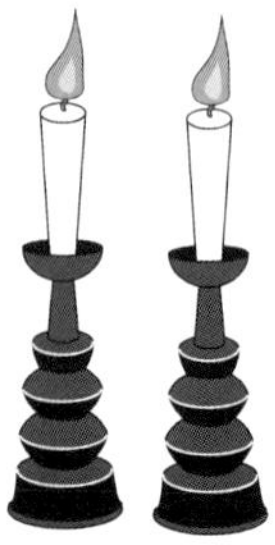

P56-05

P56-06

P56-07

P56-08

P56-09

P56-10

P56-11

P56-12

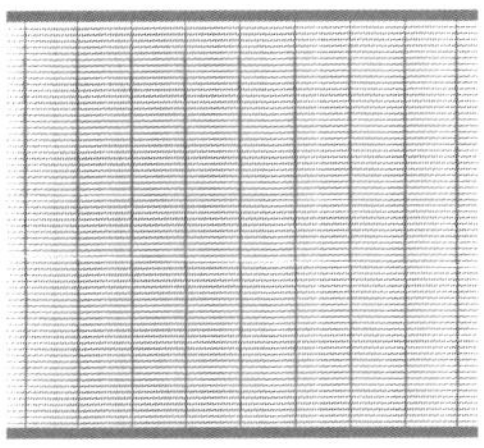

P56-13

P56-14

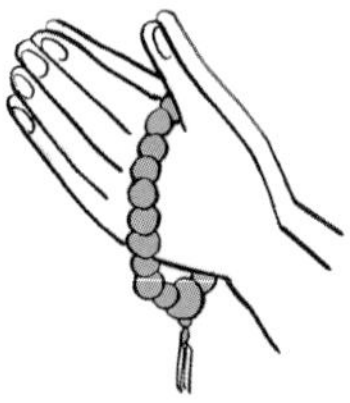

P56-15

P57-01

P57-02

P57-03

P57-04

P57-05

P57-06

P57-07

P57-08

P57-09

P57-10

P57-11

P57-12

P57-13

P57-14

P57-15

P57-16

飾りもの・シンプル罫線　春

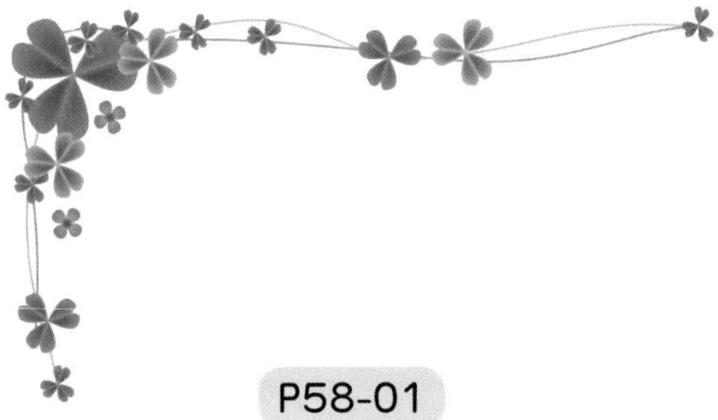

P58-01

P58-02

P58-03

P58-04

P58-05

P58-06

P58-07

P58-08

P58-09

P58-10

P58-11

P58-12

P58-13

P58-14

P59-01

P59-02

P59-03

P59-04

P59-05

P59-06

P59-07

P59-08

P59-09

P59-10

P59-11

P59-12

P59-13

P59-14

P59-15

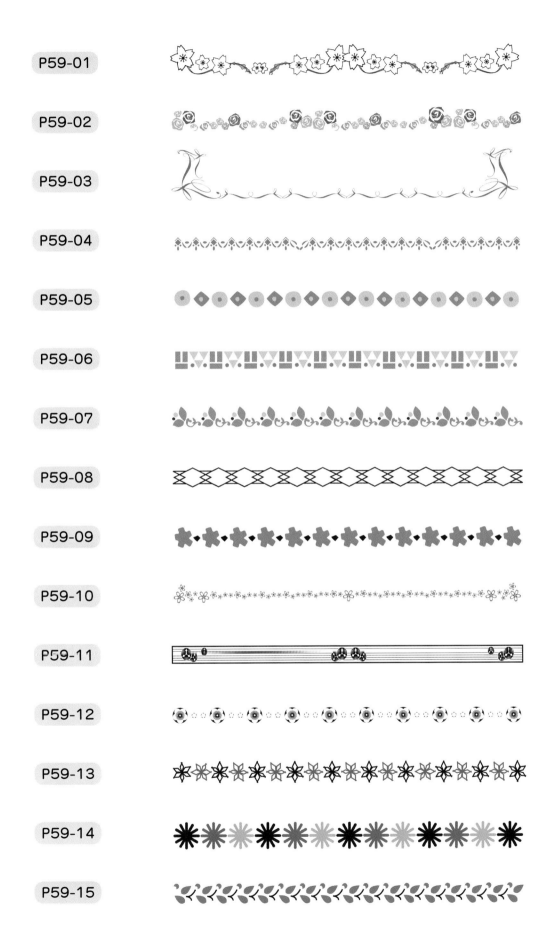

飾りもの・シンプル罫線　夏

P60-01

P60-02

P60-03

P60-04

P60-05

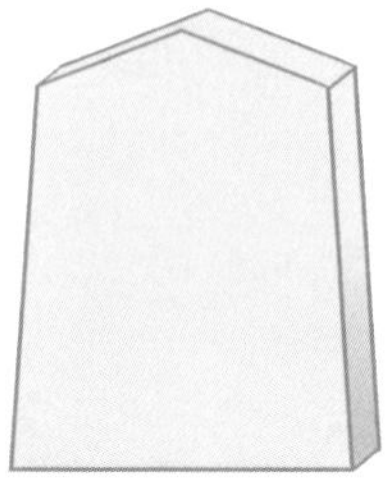

P60-06

P60-07

P60-08

P60-09

P60-10

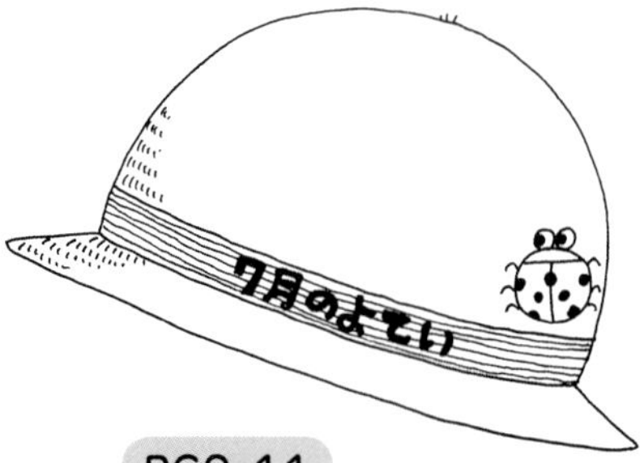

P60-11

P60-12

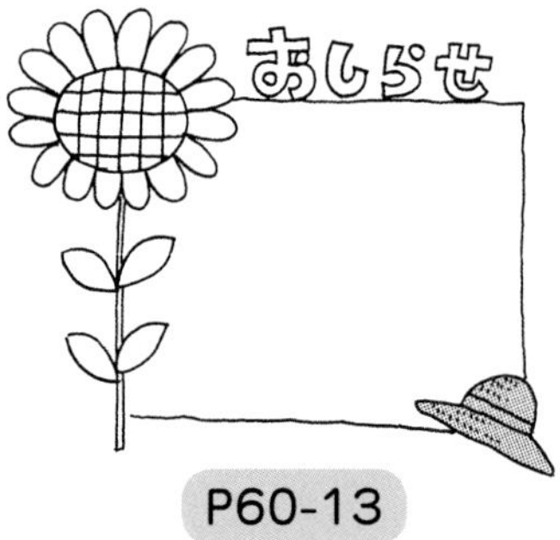

P60-13

P60-14

P60-15

P61-01

P61-02

P61-03

P61-04

P61-05

P61-06

P61-07

P61-08

P61-09

P61-10

P61-11

P61-12

P61-13

P61-14

P61-15

P61-16

P61-17

P61-18

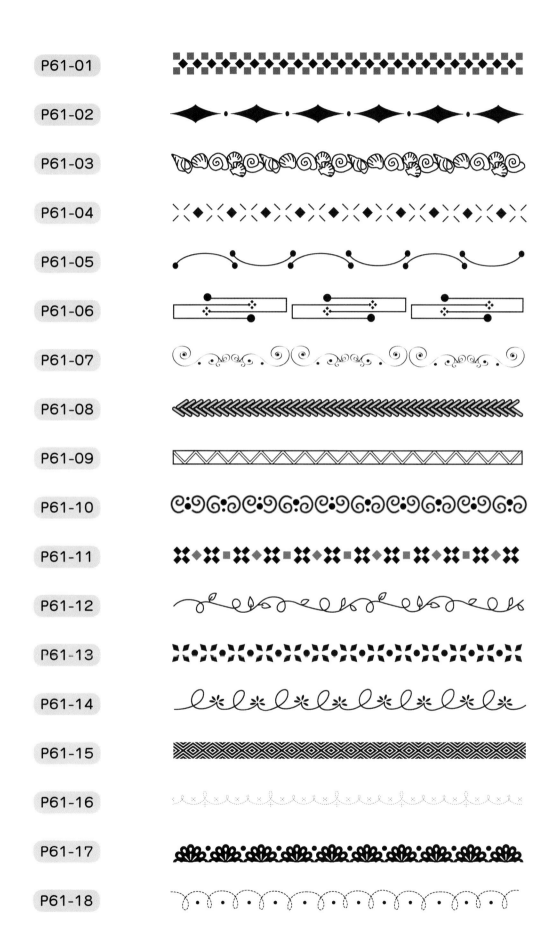

飾りもの・シンプル罫線　秋

P62-01

P62-02

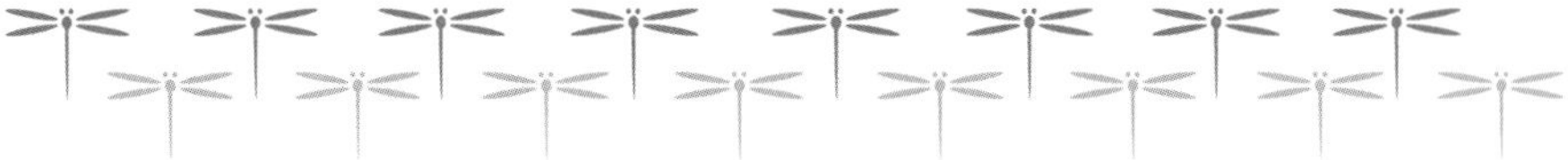

P62-03

P62-04

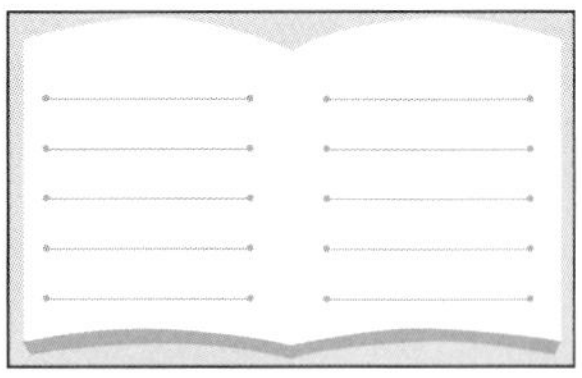

P62-05

P62-06

P62-07

P62-08

P62-09

P62-10

P62-11

P62-12

P62-13

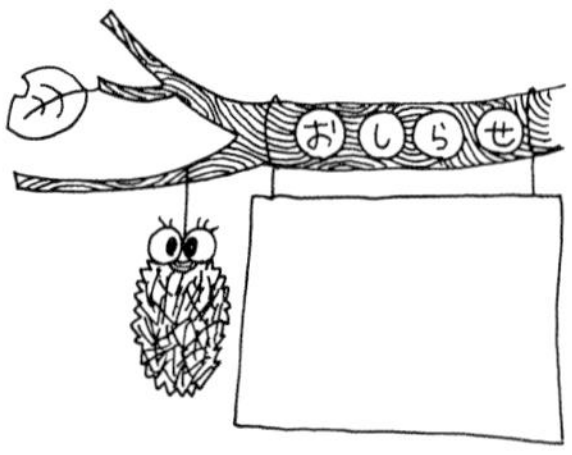

P62-14

P62-15

P62-16

P62-17

P63-01

P63-02

P63-03

P63-04

P63-05

P63-06

P63-07

P63-08

P63-09

P63-10

P63-11

P63-12

P63-13

P63-14

P63-15

P63-16

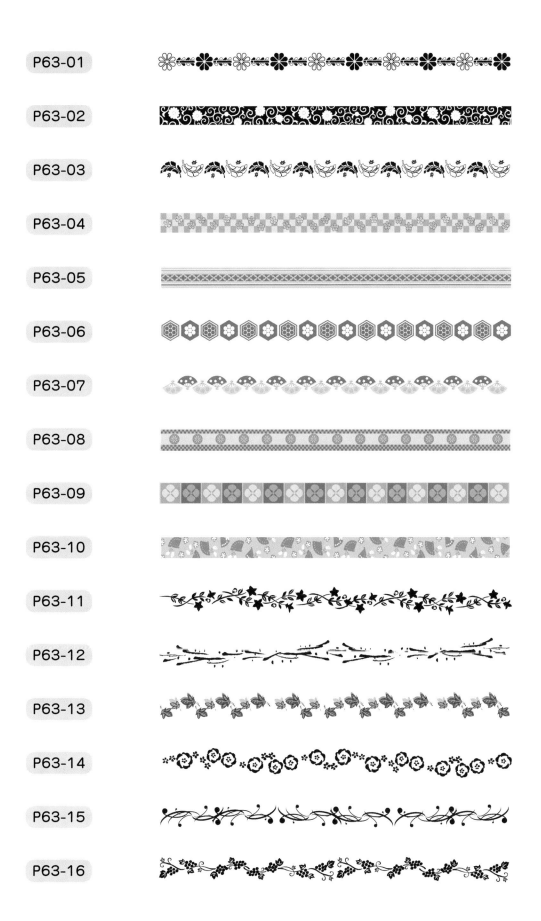

飾りもの・シンプル罫線　冬

P64-01

P64-02

P64-03

P64-04

P64-05

P64-06

P64-07

P64-08

P64-09

P64-10

P64-11

P64-12

P64-13

P64-14

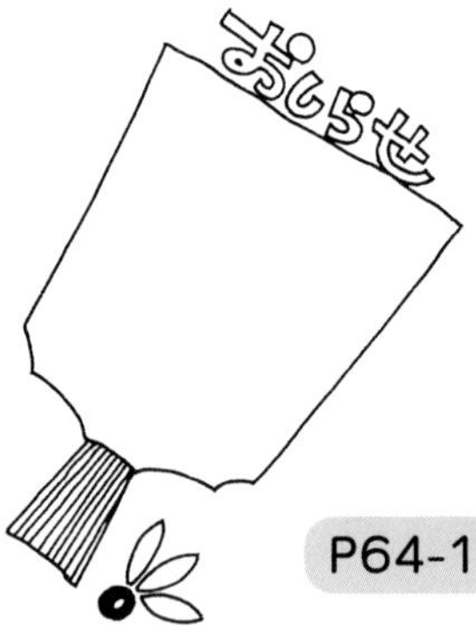

P64-15

P65-01

P65-02

P65-03

P65-04

P65-05

P65-06

P65-07

P65-08

P65-09

P65-10

P65-11

P65-12

P65-13

P65-14

P65-15

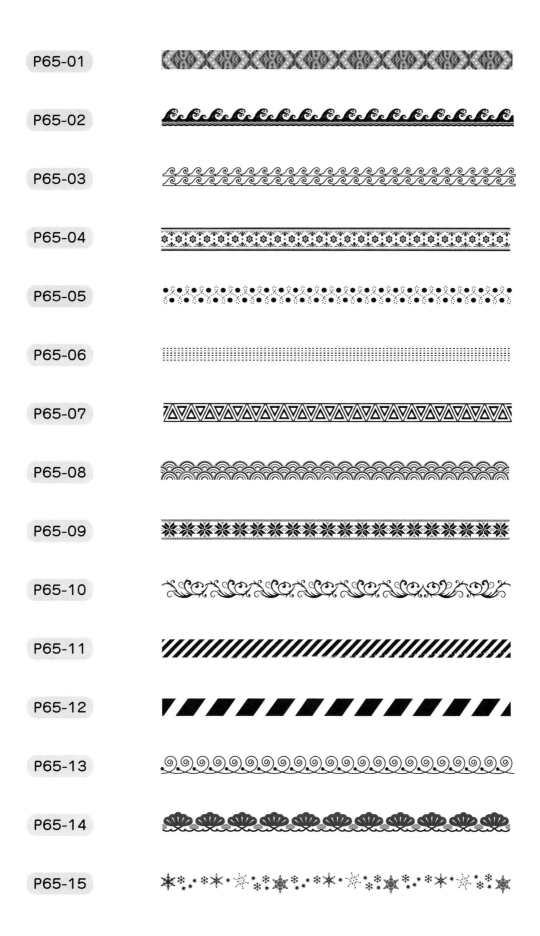

P66-01

P66-02

P66-03

P66-04

P66-05

P66-06

P66-07

P66-08

P66-09

P66-10

P66-11

P66-12

P66-13

P66-14

P67-01

P67-02

P67-03

P67-04

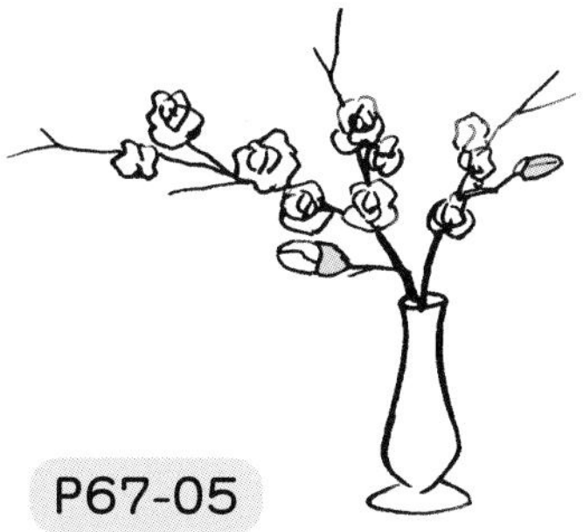

P67-05

P67-06

P67-07

P67-08

P67-09

P67-10

P67-11

P67-12

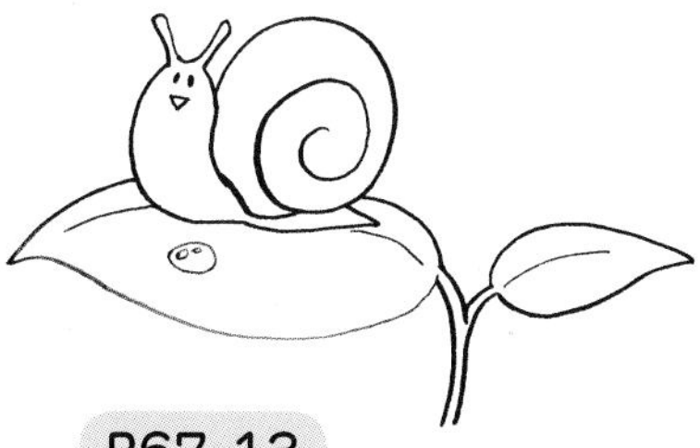

P67-13

P67-14

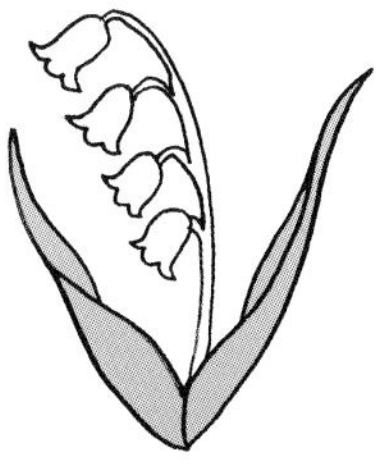

P67-15

子ども用　父の日／母の日／梅雨

P68-01

P68-02

P68-03

P68-04

P68-05

P68-06

P68-07

P68-08

P68-09

P68-10

P68-11

P68-12

P68-13

P68-14

P69-01

P69-02

P69-03

P69-04

P69-05

P69-06

P69-07

P69-08

P69-09

P69-10

P69-11

P69-12

P69-13

P69-14

P69-15

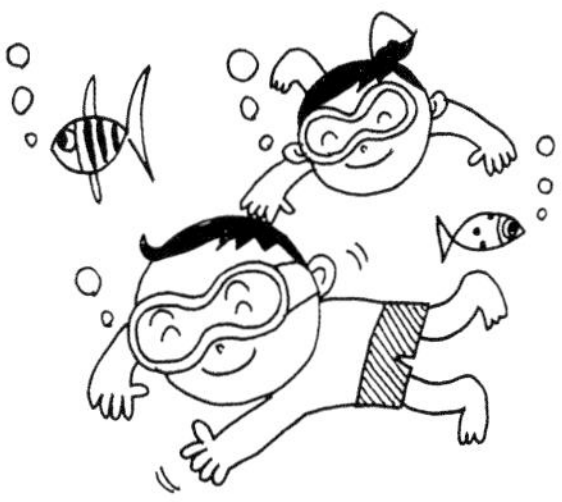
P69-16

P70-01

P70-02

P70-03

P70-04

P70-05

P70-06

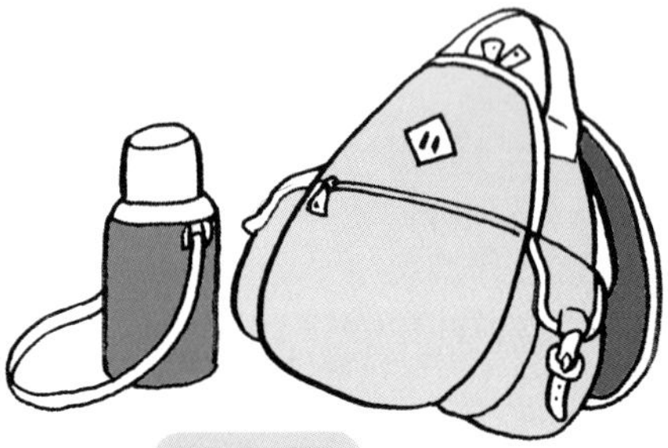

P70-07

P70-08

P70-09

P70-10

P70-11

P70-12

P70-13

P70-14

P70-15

P71-01

P71-02

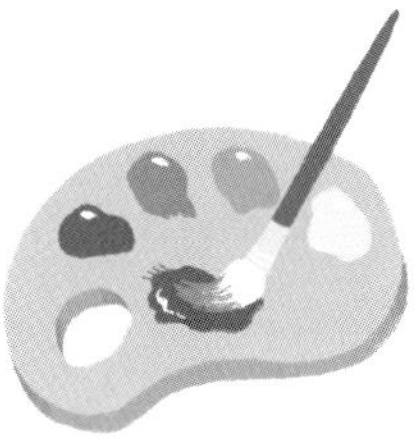

P71-03

P71-04

P71-05

P71-06

P71-07

P71-08

P71-09

P71-10

P71-11

P71-12

P71-13

P71-14

子ども用　運動会

P72-01

P72-02

P72-03

P72-04

P72-05

P72-06

P72-07

P72-08

P72-09

P72-10

P72-11

P72-12

P72-13

P72-14

P72-15

P73-01

P73-02

P73-03

P73-04

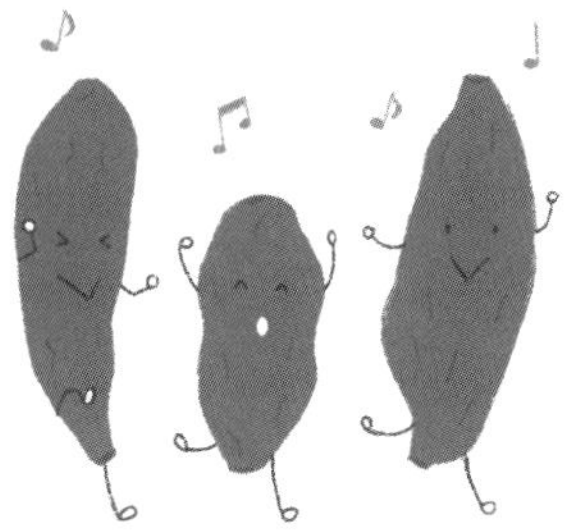
P73-05

P73-06

P73-07

P73-08

P73-09

P73-10

P73-11

P73-12

P73-13

P73-14

P73-15

P74-01

P74-02

P74-03

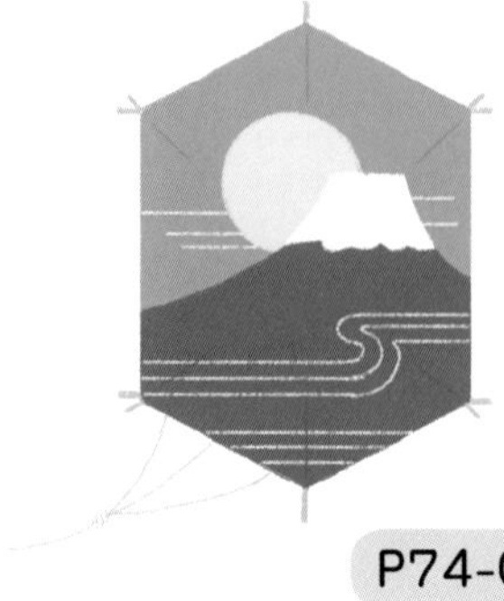

P74-04

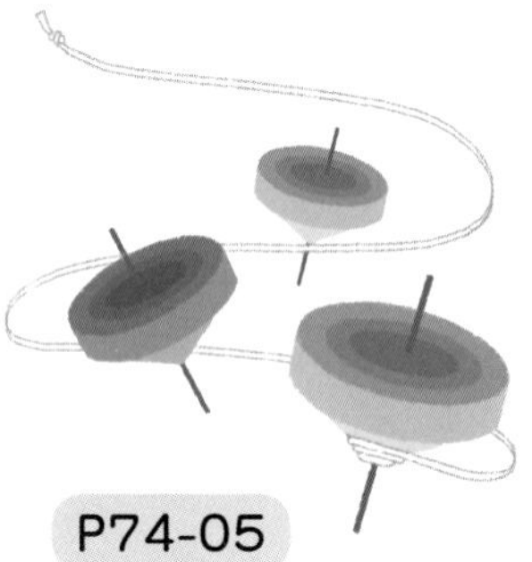

P74-05

P74-06

P74-07

P74-08

P74-09

P74-10

P74-11

P74-12

P74-13

P74-14

P75-01

P75-02

P75-03

P75-04

P75-05

P75-06

P75-07

P75-08

P75-09

P75-10

P75-11

P75-12

P75-13

P75-14

P75-15

P76-01

P76-02

P76-03

P76-04

P76-05

P76-06

P76-07

P76-08

P76-09

P76-10

P76-11

P76-12

P76-13

P76-14

P76-15

P76-16

P77-01

P77-02

P77-03

P77-04

P77-05

P77-06

P77-07

P77-08

P77-09

P77-10

P77-11

P77-12

P77-13

P77-14

P78-01

P78-02

P78-03

P78-04

P78-05

P78-06

P78-07

P78-08

P78-09

P78-10

P78-11

P78-12

P79-01

P79-02

P79-03

P79-04

P79-05

P79-06

P79-07

P79-08

P79-09

P79-10

P79-11

P79-12

P79-13

P79-14

プトラ&プトリ

P80-01

P80-02

P80-03

P80-04

P80-05

P80-06

P80-07

P80-08

P80-09

P80-10

P80-11

P80-12

P80-13

P80-14

P80-15

P81-01

P81-02

P81-03

P81-04

P81-05

P81-06

P81-07

P81-08

P81-09

P81-10

P81-11

P81-12

P81-13

P81-14

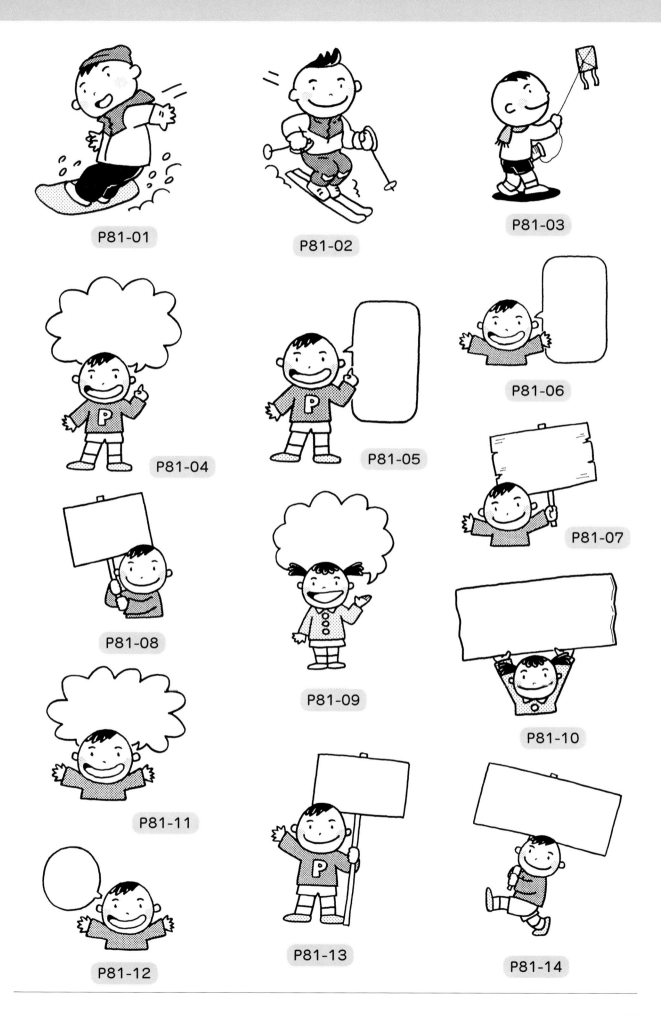

元旦会
P82-01

修正会
P82-02

念仏奉仕団
P82-03

除夜会
P82-04

建碑法要
P82-05

報恩講
P82-06

入仏式
P82-07

秋季彼岸会
P82-08

起工式
P82-09

上棟式
P82-10

お盆
P82-11

盂蘭盆会
P82-12

継職法要
P82-13

花まつり
P82-14

降誕会
P82-15

継職奉告法要
P82-16

春季彼岸会
P82-17

慶讃法要
P82-18

建碑式
P82-19

お彼岸
P82-20

灌仏会
P82-21

落慶法要
P82-22

定礎式
P82-23

仏前結婚式
P83-01

結婚式
P83-02

御挨拶
P83-03

初参式
P83-04

成人式
P83-05

内祝
P83-06

御見舞
P83-07

御祝
P83-08

御車代
P83-09

年忌法要
P83-10

御供
P83-11

謝礼
P83-12

永代経法要
P83-13

御法礼
P83-14

御香典
P83-15

追悼法要
P83-16

志
P83-17

御餞別
P83-18

謹呈
P83-19

贈呈
P83-20

御懇志
P83-21

粗品
P83-22

進呈
P83-23

御布施
P83-24

寸志
P83-25

お中元
P83-26

お歳暮
P83-27

御仏前
P83-28

金一封
P83-29

報恩講

P84-01

除夜会

P84-02

修正会

P84-03

元旦会

P84-04

花まつり

P84-05

降誕会

P84-06

灌仏会

P84-07

盂蘭盆会

P84-08

お盆

P84-09

お彼岸

P84-10

春季彼岸会

P84-11

秋季彼岸会

P84-12

永代経法要

P84-13

追悼法要

P84-14

年忌法要

P84-15

継職奉告法要

P84-16

継職法要

P84-17

起工式
P85-01

上棟式
P85-02

定礎式
P85-03

建碑式
P85-04

建碑法要
P85-05

念仏奉仕団
P85-06

落慶法要
P85-07

慶讃法要
P85-08

初参式
P85-09

結婚式
P85-10

仏前結婚式
P85-11

成人式
P85-12

入仏式
P85-13

御見舞
P85-14

御挨拶
P85-15

御祝
P85-16

祝成人
P85-17

仏壇のお荘厳

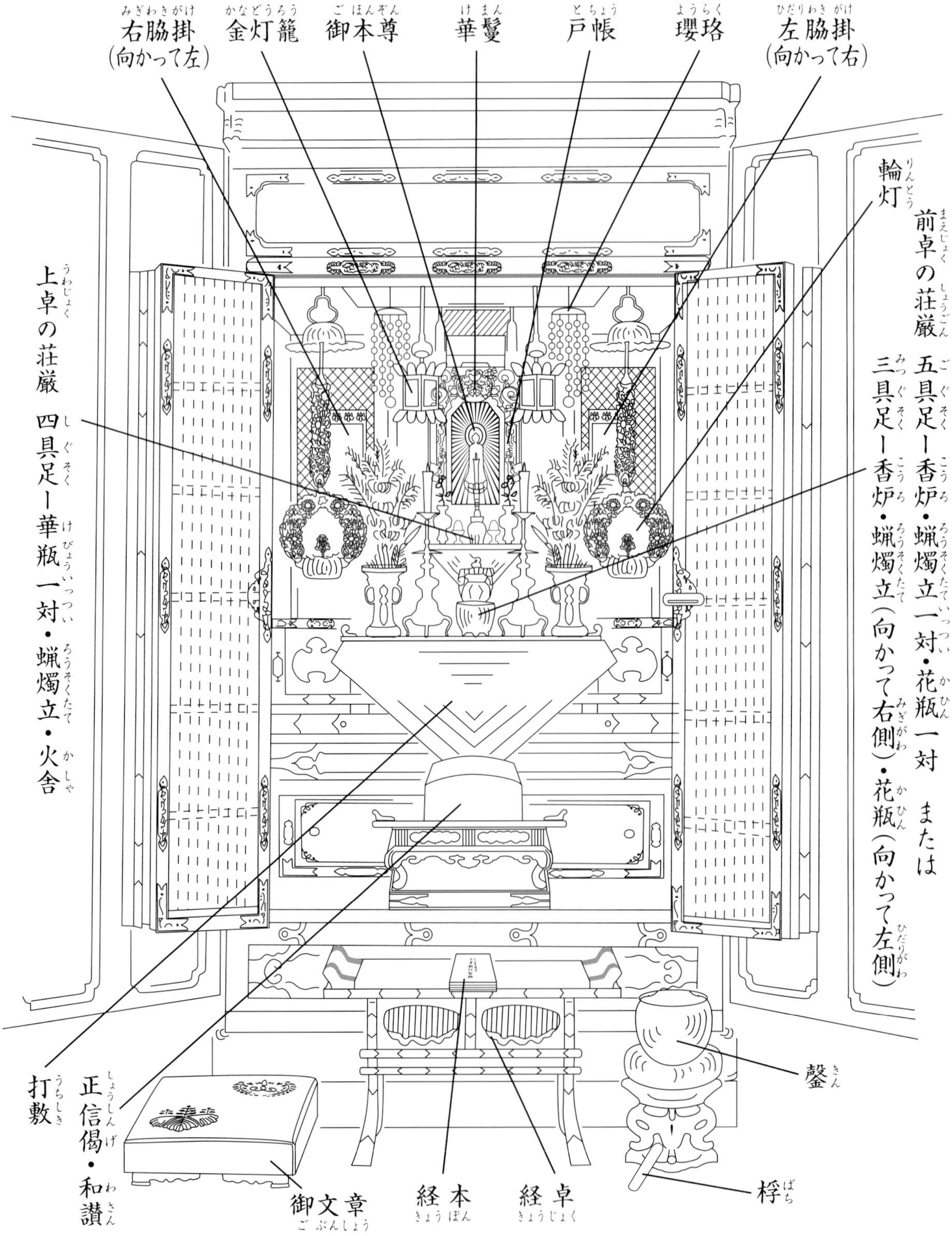

右脇掛《みぎわきがけ》
（向かって左）
金灯籠《かなどうろう》
御本尊《ごほんぞん》
華鬘《けまん》
戸帳《とちょう》
瓔珞《ようらく》
左脇掛《ひだりわきがけ》
（向かって右）
輪灯《りんとう》
前卓《まえじょく》の荘厳《しょうごん》
五具足《ごぐそく》ー香炉《こうろ》・蝋燭立《ろうそくたて》一対《いっつい》・花瓶《かひん》一対　または
三具足《みつぐそく》ー香炉《こうろ》・蝋燭立《ろうそくたて》（向かって右側《みぎがわ》）・花瓶《かひん》（向かって左側《ひだりがわ》）
上卓《うわじょく》の荘厳
四具足《しぐそく》ー華瓶《けびょう》一対《いっつい》・蝋燭立《ろうそくたて》・火舎《かしゃ》
打敷《うちしき》
正信偈《しょうしんげ》・和讃《わさん》
御文章《ごぶんしょう》
経本《きょうぼん》
経卓《きょうじょく》
鏧《きん》
桴《ばち》

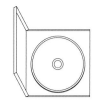

CD-ROM をお使いになる前に

CD-ROM をお使いになる前に必ずお読みください。
付録の CD-ROM は、画像データ（JPEG 形式／一部 PNG 形式を含む）と Word テンプレートデータを収録しています。
付録の CD-ROM を開封された場合、以下の事項に同意いただいたものとします。

動作環境

① 付録の CD-ROM は次の OS がインストールされたパソコンでご利用になれます。
Microsoft Windows 98、Windows 2000、Windows XP、Windows Vista、Windows 7/8/10。
② テンプレートデータを使用するには、Microsoft Word 97 以上がパソコンにインストールされている必要があります。Microsoft Word 2001 for Mac 以上と、Mac OS 9/X との組み合わせでも使用可能ですが、データが正しく表示されない場合があります。
③ 一太郎ではテンプレートデータをご利用になれませんのでご注意ください。
④ 処理速度が遅いパソコンではデータを開きにくい場合があります。
⑤ 付録の CD-ROM を再生するには CD-ROM ドライブまたは CD-ROM を再生できるその他のドライブが必要です。

データ使用の許諾と禁止要項

本書掲載イラストおよびテンプレート、CD-ROM 収録のデータは、購入された個人または法人が営利を目的としないカードや掲示物、寺報、園だよりなどにお使いになれます。ただし、以下のことを遵守してください。
① 有料印刷等、インターネットのホームページなどに使用することはできません。
② 本書掲載イラストおよびテンプレート、CD-ROM 収録のデータを複製し、第三者に譲渡・販売・頒布（インターネットを通じた提供も含みます）・賃貸することはできません（弊社は、本書掲載イラスト、CD-ROM 収録のデータすべての著作権を管理しています）。

ご注意

① 本書掲載の操作方法や操作画面は、Microsoft Word 2010 を Windows 10 で使用した場合を中心に紹介しています。
② お使いのパソコン環境によっては、本書掲載の操作方法や操作画面と異なる場合があります。その場合、できるだけ異なる操作手順もあわせて紹介していますが、すべてを説明しているわけではありませんので、ご了承ください。
③ テンプレートデータは、お使いのパソコン環境やアプリケーションのバージョンによっては、レイアウト等が崩れる可能性があります。
④ イラストデータを 200%以上拡大すると、イラストの縁がギザギザとして見える場合があります。
⑤ お使いのプリンタやプリンタドライバ等の設定により、本書掲載のイラストと色調が変化する場合があります。
⑥ お使いのプリンタやプリンタドライバ等の設定により、印刷時にテンプレートデータのレイアウトが崩れる場合があります。
⑦ お客様が本書付録 CD-ROM のデータを使用したことにより生じた損害、障害、その他いかなる事態にも、弊社は一切責任を負いません。
⑧ 付録のディスクは CD-ROM です。オーディオプレーヤーでは絶対に再生しないでください。パソコンの CD-ROM 対応ドライブでのみお使いください。
⑨ 本書に記載されている内容に関するご質問は、弊社までご連絡ください。ただし、付録 CD-ROM に収録されている画像およびテンプレートデータについてのサポートは行っておりません。

Wordの基本的な使い方

1. Wordを開いてみよう

Wordを開くと下のような、文字や画像が入っていない白紙の画面が出てきます。上部には［リボン］と［タブ］が表示されています。

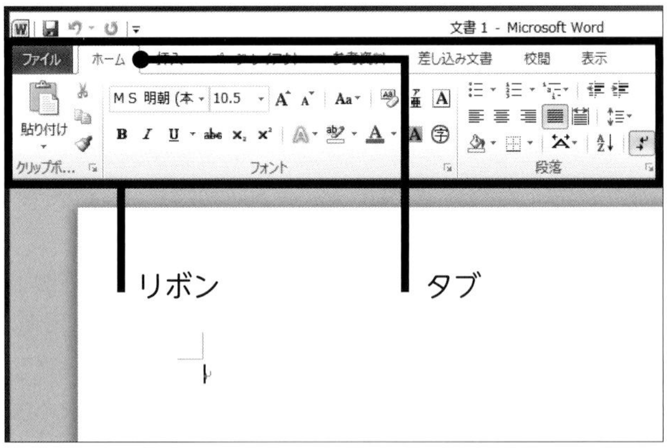

〈注意〉Wordはバージョンによって、上部にあるメニューやツールバーが異なりますので、使っているWordのバージョンを確認してください。バージョンはWordを立ち上げたとき、最初の画面で表示されます。
〈注意〉WordはWord 2007から大幅に改良されて、メニューやツールバーが［リボン］と［タブ］に置き換わりました。Word 2007以降では[タブ]をクリックすると、[リボン]と[タブ]の内容が切り替わります。しかし、機能が使いやすく改良されても、Word本来の操作方法は大きくは変わっていません。

2. Wordを開いてサイズや基本設定をしよう

基本設定とは、作成したい書類のサイズ、そのサイズで横に使うか縦に使うか、印刷は見開きか単ページかなどをあらかじめ決めることをいいます。

① ページ全体の設定をする
用紙のサイズや余白を設定しましょう。
メニューバーの［ファイル］から［ページ レイアウト］タブの［サイズ］をクリックします。表示されるメニューから、A4、A5、B4、B5などを選びます。
なお初期設定ではA4サイズが選択されています。

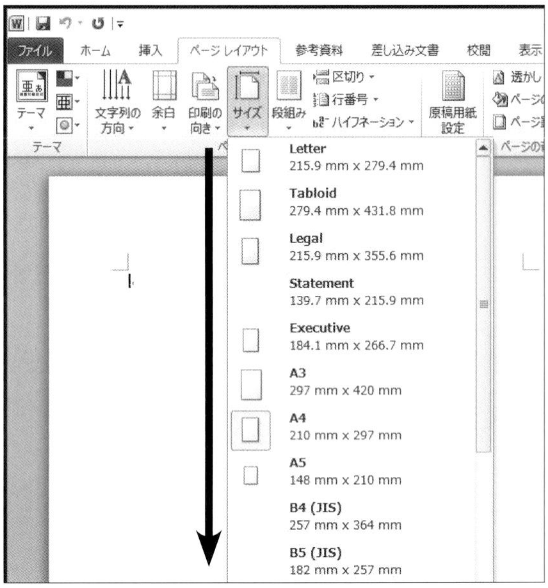

② 印刷の向きを決める
用紙の向きは、［印刷の向き］をクリックして、［横］か［縦］を選びます。

③ 余白を決める
［余白］をクリックしてメニューを選択すると、余白を調整できます。
〈注意〉余白とは上下左右にできるスペースのことです。上下左右を15ミリに設定した場合が下図です。

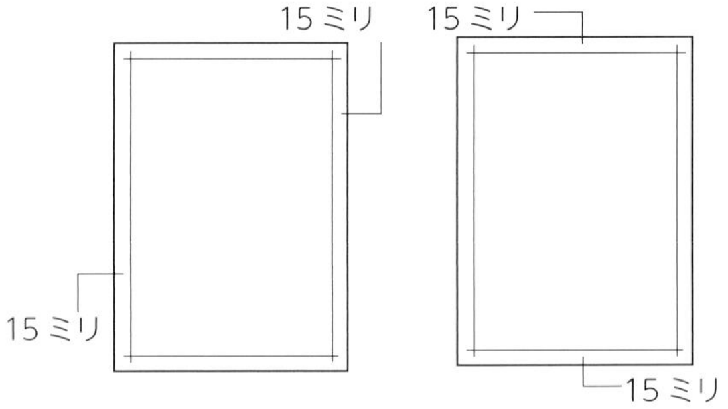

④ 見開き印刷をする
「見開き印刷」は、両面印刷した紙を綴じるとき、それぞれ異なるサイズに設定した左右の余白と綴じしろが、見開きページで左右対称になり、裏表でぴったりと重なるようにするためのものです。
［ページ レイアウト］タブをクリック。［ページ設定］ダイアログボックスの［余白］タブにある［印刷の形式］で［見開きページ］を選びます。
［見開きページ］を選んだら、［余白］の［左］［右］

の文字が［内側］［外側］に変わっているか確認してください。変わっていれば［見開きページ］の設定は完了です。下の図を参照ください。

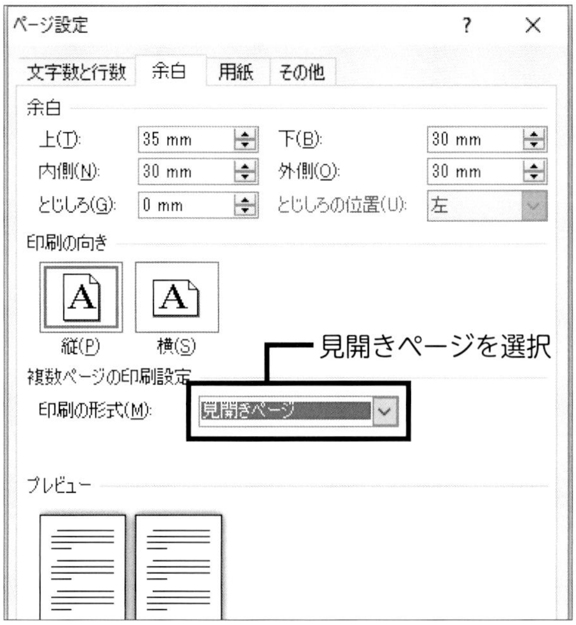

3. 文字を入れてみよう

① 文字入力の設定をする

文字入力モードを「ひらがな入力」にするか「アルファベット入力」にするかを決めてください。文字入力の途中でも簡単に切り替えられます。

「言語バー」の「入力モード」をクリックするほか、「半角／全角」キーを押しても切り替えることができます。

② ひらがなを漢字に変えてみよう

漢字入力をする場合は、まず入力したい文字をひらがなで入力してください。

にしほんがんじ

↓

「スペースキー」を押しながら適切な漢字を探す

↓

西本願寺

③ ひらがなをカタカナに変えてみよう

上記と同様に、ひらがなを入力して「スペースキー」で変換します。

さぽーと

↓ 「スペースキー」

サポート

4. 書体や色など、文字の設定を変えてみよう

設定を変えたい文字を選択して、［ホーム］の［フォント］ダイアログボックスで変更します。書体、色、スタイル、サイズなどを簡単に変更できます（Word 2003 以前では［書式設定］から［フォント］を選ぶと、書体やサイズ、色などを変えられる画面が出てきます）。

〈注意〉表示されるフォントの種類はパソコンにインストールされているソフトによって異なります。

5. 文字の揃え方を変えてみよう

文字の揃え方を変えるには、「文字揃え機能」を使います。

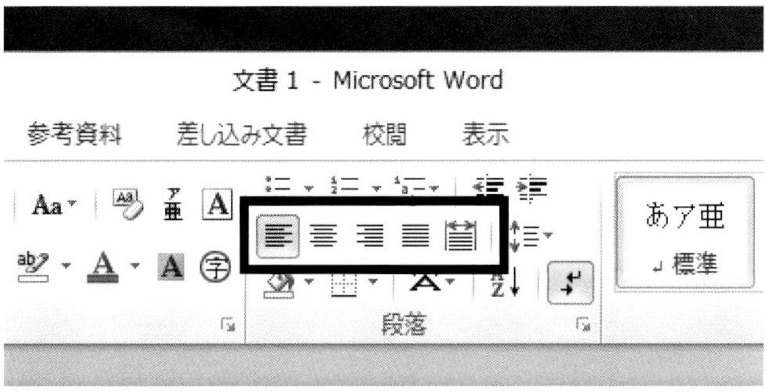

6. 画像を使ってみよう

イラストや写真などの画像の貼り込み、サイズの変更、移動などについては 94 ページの「イラストの使い方」をご参照ください。

テンプレートの使い方

1. テンプレートをお使いいただく前に

本書のテンプレートは、お寺の法要や行事のお知らせに役立てていただけるよう、さまざまな状況を想定して作成されています。テンプレートの内容を簡単に紹介いたします。
〈注意〉テンプレートとは、文書などのファイルを作成するときの「ひな形」となるデータのことです。

① 寺報

◆ P2：各種の記念法要、本願寺念仏奉仕団参加者の寄稿文、仏前結婚式、初参式など。
◆ P3：新年早々の発行を想定して、除夜会や元旦会の報告、新春の行事、参拝旅行の告知など。
◆ P20：5 月前後の発行を想定して、桜に関する話と親鸞聖人出家時の決意、門信徒会通信など。
◆ P21：法話をトップページに扱い、団体参拝参加者の寄稿文など。
◆ P22：本願寺念仏奉仕団参加報告をメイン記事とし、写真を多用して展開。
◆ P23：1 面は報恩講法要、メインはトピックス記事、読み物として「お寺の昔話（歴史）」など。
◆ P24：盂蘭盆会のお知らせと由来、法要の紹介など。
◆ P25：灌仏会の報告と由来、参拝旅行者の寄稿文、サマースクールのお誘いなど。
◆ P26：寺院の建物を新築・修築した際の報告と御礼、法話、さまざまなニュースなど。
◆ P27：写真を多用した本願寺児童念仏奉仕団参加報告、法話、お知らせなど。

② 幼稚園関係

◆ P5：「入園式」プログラム。入園式の際に保護者にお渡しする案内です。
◆ P32：園だより。秋季の行事紹介と園児のようすを中心にまとめています。
◆ P33：園だより。夏休み前の発行を想定し、行事報告とお知らせ、夏休みの注意などです。

③ 行事や法要の案内など

お寺の行事や法要のお知らせに使うもの、子ども会・仏教壮年会・婦人会の活動のお知らせを収録しています。
また、お寺から送る「行事案内のはがき」や日常の伝道活動に役立つ「名刺」のサンプルも収録しています。

2. テンプレートを開いてみよう

本書のテンプレートは、複数ページにわたるものでも、すべてページごとに完結しており、次ページに影響しないように作られています。したがって、テンプレート内のどこかを変更しても、次ページのレイアウトまで崩れてしまうということはありません。
各々の文章ボックスは独立したコラムのようなものだとお考えください。文章を加えたり、写真を入れ替えると、ご自分のイメージどおりのものが作成できます。
本書のテンプレートのなかから、ご自分の用途やイメージに近いものを開いてみてください。初心者の方は、横組文字のテンプレートを使用すれば、縦組よりも簡単に作れます。

3. テンプレートを自分好みにしよう

寺報をオリジナルデザインにしてみましょう。毎号使うために基本レイアウトのひな形を作りましょう。

① 寺報のタイトルなどを変えてみよう

寺報のタイトルは、「○○寺　○○だより」と記入してある箇所をクリックして、文字入力ツールでご自分が名づけた名称を入力してください。

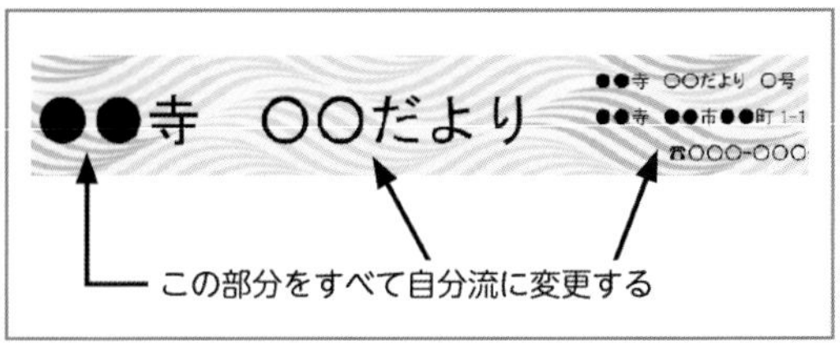

※本書のテンプレート・ファイルを Mac 版 Word で開いた場合、一部のイラストが正しく表示されないことがあります。その際は、ファイルを拡張子 docx にして保存し直すと正しく表示されます。

② ヘッダーとフッターの位置を自分流に

ヘッダーの「○○号　○○だより」を選択して、左右のお好きな位置に置くことができます。メニューバーのファイルから［挿入］タブの［ヘッダーとフッター］を選ぶと、ヘッダーとフッターのいろいろなパターンが示されます。ヘッダー、フッターの位置や文字サイズの編集、ページ番号の書式設定もここからできます。

4. 文字サイズと文字ボックスのアレンジ

① タイトルの文字サイズは

タイトルの文字は本文よりも大きいサイズを使いましょう。書体はゴシック系を使うと目立ちます。明朝系を使用する場合は「太字」「袋文字」などにすればよいでしょう。

- ◆ 寺報の名前や各種の法要・行事案内のタイトルは、約 33 ～ 35 ポイント。
- ◆ 中タイトルは、約 14 ～ 13 ポイント。
- ◆ 小タイトルは、約 13 ～ 12 ポイント。
- ◆ なお、法要やお知らせに関するパンフレットの文字は、目立つように大きくしましょう。

下図は中タイトルが 2 つある寺報の例です。文字サイズを少し変えて、わかりやすく見せています。

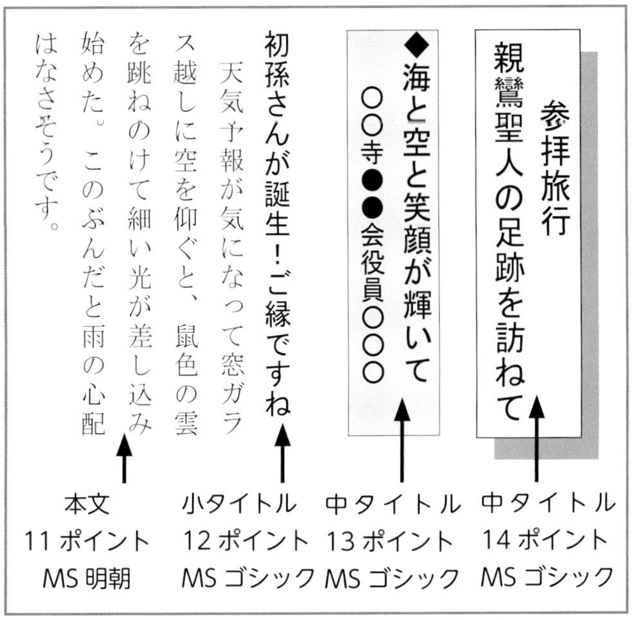

② 文章をアレンジしてみよう

テンプレートの文章を書き換えてみましょう。テンプレートのテキストボックスを選択して、文章を書き換えたり加えたりします。文字がボックスからあふれたら、適当な場所に新しいテキストボックスを作ります。

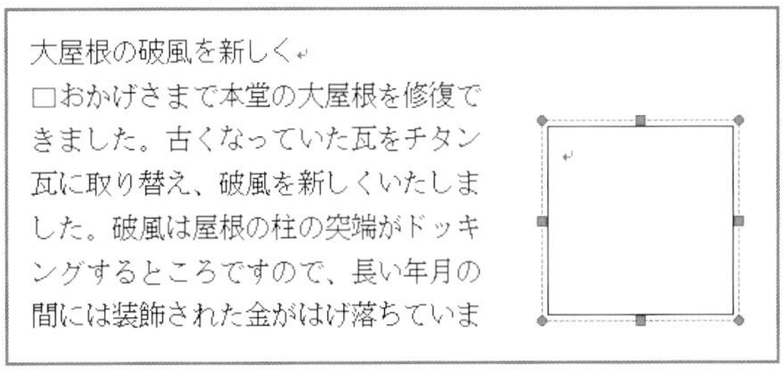

次に元のボックスを選択して枠線の上で右クリックして出てくるメニューから［テキスト ボックスのリンクの作成］を選択します。

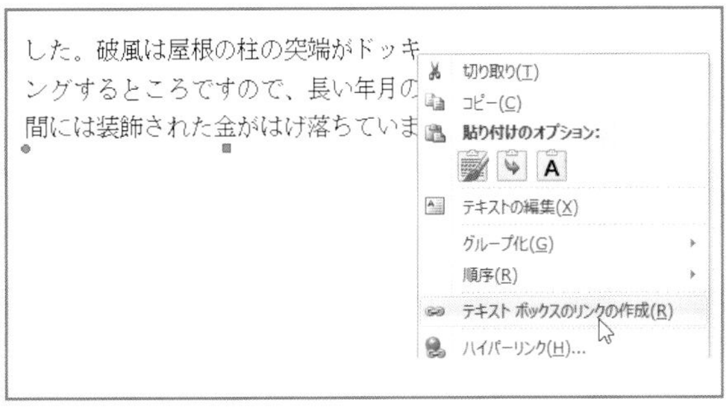

カーソルがカップの形に変わるので、新しく作ったボックスの上にカーソルを重ねてクリックすると、テキストの続きが流し込まれます。

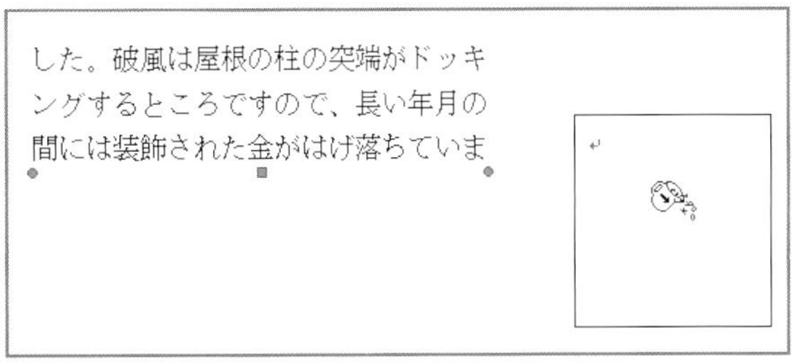

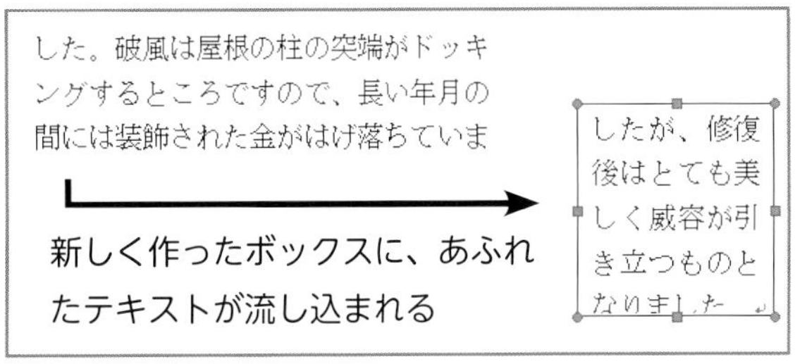

知っておくと便利！

操作ミスをしたときは、[Ctrl] と [Z] を同時に押すと、一手順前にもどります

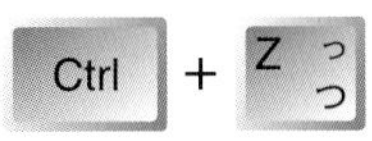

5．テンプレートに自分流の画像を使う

例えば、4ページに掲載されている「報恩講法要」のテンプレートを使って、門信徒の皆さまへ配布するパンフレットを作成してみましょう。

◆「報恩講法要」のテンプレートを開く
◆ テンプレートの○○部分などに入力する
◆ 写真はデジタルカメラや携帯電話で撮ったものも使いたい

〈注意〉デジタルカメラや携帯電話で撮影した写真は、あらかじめパソコンに取り込んでおいてください。

◆ メニューバーから、[挿入] → [図] → [ご自分が写真を保存した場所] を選択すると、使いたい写真が表示されます。
◆ 本書のイラスト集から「お斎」や「寺」のイラストを選び、テンプレートに貼り付けると、次のようになりました。雰囲気が変わりましたね。

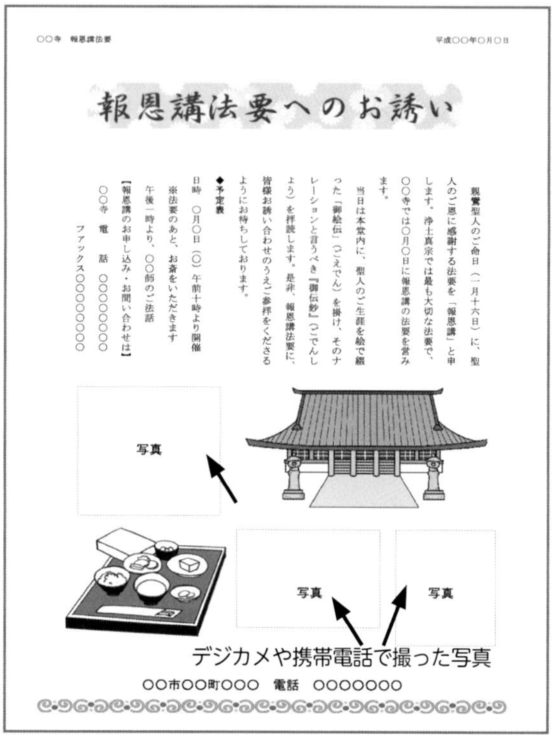

〈注意〉ここで使用しているテンプレートは、説明のためのものであり、本文と異なる場合があります。

6．テンプレートの１ページのみを使いたい

本書に掲載されている寺報は４ページで構成されています。その中のある１ページだけを使って、お知らせなどを作りたいときは、使わない３ページを削除します。

① ページの削除

本書のテンプレートでは、テキストはすべてテキストボックスに入っていますので、削除したいページ内にあるテキストボックスと画像をすべて [Delete] キーで削除します。このとき [Shift] キーを押しながら選択していくと、複数のテキストボックスと画像が選択状態になり、一度で削除できます。

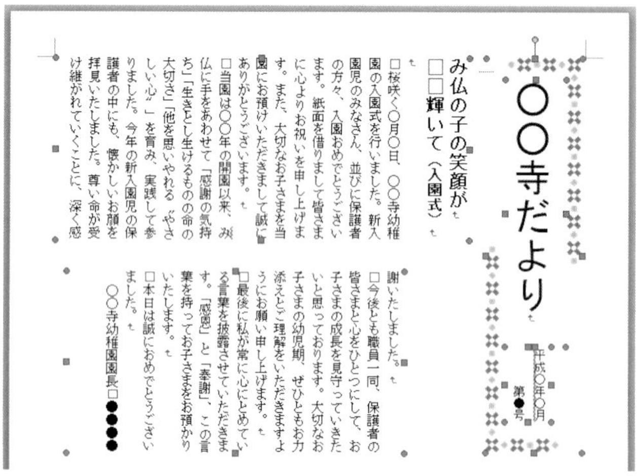

このようにすれば､単ページの｢お知らせ　パンフレット」として活用できます。

② ページの入れ替え

テンプレートのページ順を入れ替えたい場合は [切り取り] ＋ [貼り付け] をします。2ページ目と3ページ目を入れ替える例で説明します。まず、2ページの中にあるテキストや画像をもれなく選択して [切り取り]（[Ctrl] ＋ [x] キー）をします。4ページに改ページマークを入れると4ページの前に空白ページが作られます。その空白ページの先頭で[貼り付け]（[Ctrl] ＋ [v] キー）をすると､そこに2ページから切り取った内容が貼り付けられて、2ページ目と3ページ目が入れ替えられたことになります。切り取りをしたページが空白ページとして残っているので削除します。

7. 複数のテンプレートを活用する

A のテンプレートに B のテンプレートの「タイトル飾り」と「画像」を使って、違った雰囲気にしたい場合は、B のテンプレートからタイトル飾りと画像をコピーして、A のテンプレートに貼りつけます。
また、CD-ROM のイラスト集からイラストも入れてみましょう。こうすれば、さまざまなバリエーションが作成できます。
下の図をご参照ください。

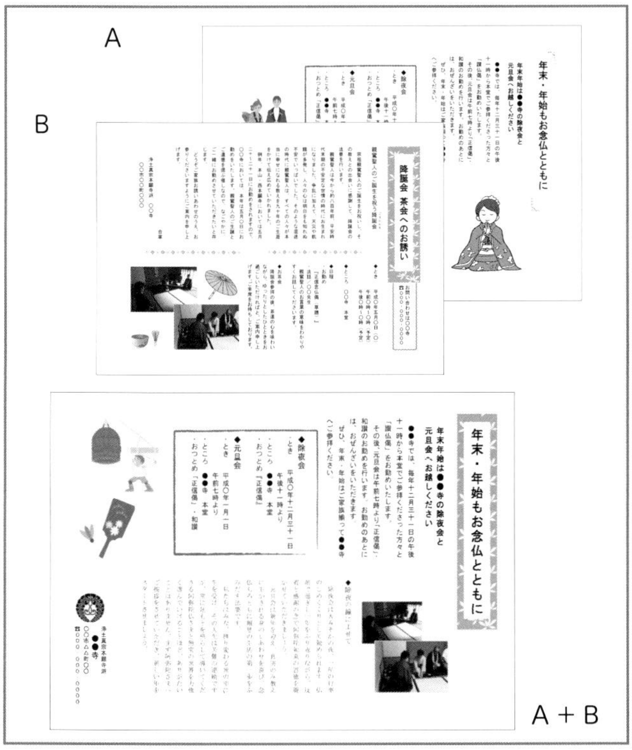

8. はがきテンプレートを使う

本書に収録されている「はがきテンプレート」は、○○部分に寺号や行事名を入力すると、そのままお使いいただけます。また、タイトルやイラストを入れ替えると、他の法要やお知らせにも使えます。

◆ はがきテンプレートに加筆修正する場合、天地左右の印刷領域（印刷可能範囲）を確認してください。

◆ はがきを印刷するときは、ツールバーから［ファイル］→［印刷］→［はがき］と選択してください（ご使用のプリンタによって設定が異なることもあります）。

9. 名刺のテンプレートを使う

本書の「名刺テンプレート」は、寺号や住所などを入力すれば、そのままお使いいただけます。

◆ 印刷時は、A4 サイズの「名刺用紙」を用意してください（厚めの上質紙でも可）。
◆ 裏面を印刷する場合は、両面印刷の設定をしてください。
◆ 印刷された名刺を線に沿ってカットすれば、完成です。

10. テンプレートの印刷

① 印刷プレビューで確認する

実際に印刷する前に印刷結果を確認するには、「印刷プレビュー」を活用してください。「印刷プレビュー」は、ツールバーから［ファイル］→［印刷］とクリックすると表示されます。

② 用紙 1 枚に 4 ページを印刷する

本書の寺報テンプレートは、A4 または B5 サイズで作られています。これを A3 または B4 用紙の両面に 2 ページずつ印刷して二つ折りの冊子を作りたいときは次のように設定します。
［ファイル］タブから［印刷］→［1 ページ / 枚］とクリックし、［2 ページ / 枚］を選んで、もう一度［2 ページ / 枚］をクリック。表示されるリストから［用紙サイズの指定］を選び、用紙サイズの一覧から、テンプレートが A4 なら A3 を、B5 なら B4 を指定します。
［ページ］の項目は下図を参考に指定します。例えば横組の場合、用紙の各面を「4,1」または「2,3」として印刷すると、二つ折りの冊子になります。

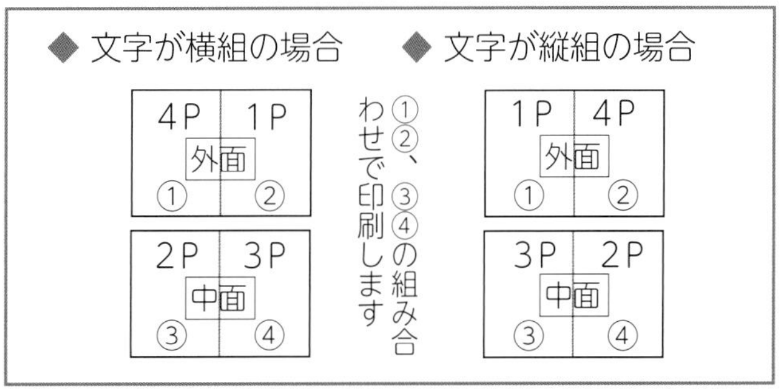

イラストの使い方

本書付属の CD-ROM には、修正会・元旦会、成人式、彼岸会、灌仏会、報恩講、永代経法要、盂蘭盆、除夜会などの行事や季節や情景にふさわしいイラストが多数収録されています。寺報やパンフレット制作などにぜひご利用ください。

1. 使いたいイラストを CD-ROM から探す

◆ 例えば、本書６ページ「年間行事」に掲載されているイラスト P06-01 を使いたいときは、CD-ROM の「年間行事」フォルダから「P06」フォルダを開き、そこにある P06-01 を選びます。

◆ P06-01 をデスクトップ（パソコン画面のこと）上にドラッグ（マウスの左ボタンを押したまま引きずること）します。そうすると、デスクトップに P06-01 がコピーされます。

2. イラストを Word で使うには

デスクトップ上に置いた P06-01 を Word で使う例です。イラスト＝図または画像と考えてください。
（お使いの Word のバージョンによって、画面表示や操作が異なることがあります）

◆ Word を立ち上げ、新規ページを開きます。

◆ イラストを挿入する場所をクリックします。

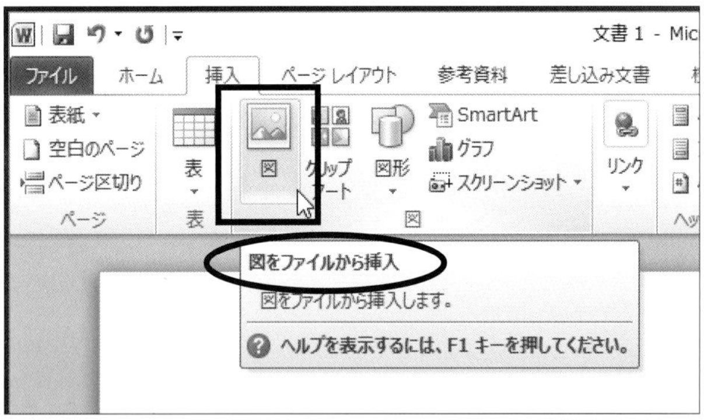

◆ ［挿入］→［図］の順でクリックすると、［図の挿入］の画面が表示されます。

◆ 挿入したい P06-01 をデスクトップから選択すると、Word に P06-01 が挿入されます。

3. イラストを加工してみよう

使う場所によっては、イラストが文章に重なったり、文章の後ろ（背面）に隠れて見えなくなってしまうことがあります。そのようなときの解決方法です。

①［文字列の折り返し］を選ぶ

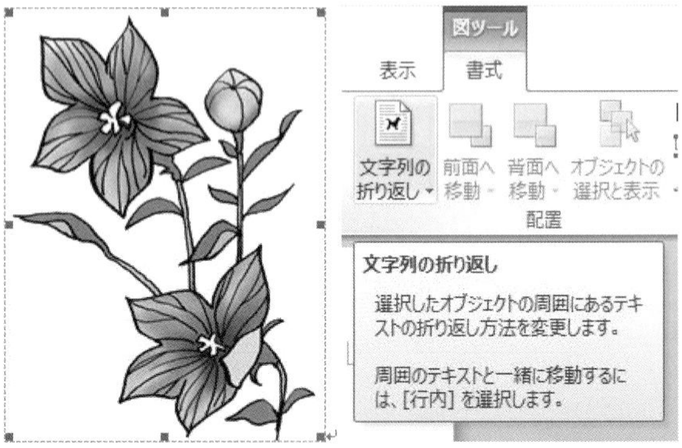

イラストを選択すると［図ツール］リボンが現れるので、［書式］から［文字列の折り返し］をクリックします。

②［文字列の折り返し］で設定する

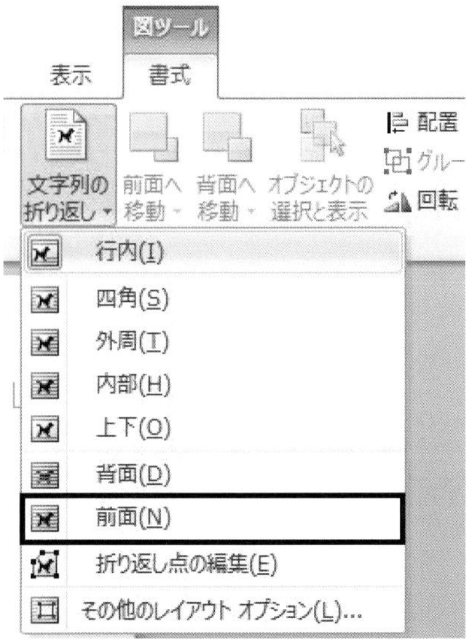

［表示されたリストで［行内］が選ばれている場合は［前面］を選び直します。これでイラストは文章の上に出ます。［四角］［外周］を選べば、文字はイラストを避けて配置されます。